Andrea Vanek-Gullner

Meine Mami ist die beste

Goldene Erziehungsregeln
Glücks-Tipps für Mutter und Kind

Von Andrea Vanek-Gullner unter anderem im G&G Verlag erschienen

Kinder in Liebe disziplinieren ISBN 978-3-7074-0615-3
Lehrer auf vier Pfoten ISBN 978-3-7074-0620-7

Meinen Kindern Max und Anika

www.ggverlag.at

ISBN 978-3-7074-1040-2

In der neuen Rechtschreibung 2006

1. Auflage 2008

Umschlagfoto: Claudia Bokmeier
Printed in Europe

© 2008 G&G Verlagsgesellschaft mbH, Wien
Alle Rechte vorbehalten. Jede Art der Vervielfältigung, auch die des auszugsweisen Nachdrucks, der fotomechanischen Wiedergabe sowie der Einspeicherung und Verarbeitung in elektronische Systeme, gesetzlich verboten. Aus Umweltschutzgründen wurde dieses Buch auf chlorfrei gebleichtem Papier gedruckt.

Inhalt

Vorwort von Max H. Friedrich 5

Eine kleine Theorie
Von der Kunst der Erziehung 6

Das Erziehungs-Haus
Die Basis: Bedingungslose Liebe 8

Die erste Säule: Werden Sie zur Mut-Mach-Mami! 10

Die zweite Säule: Liebevolle Konsequenz 13

Die dritte Säule: Das Gespräch mit dem Kind 19

Die vierte Säule: Das gelebte Vorbild 24

10 goldene Erziehungsregeln
Regel 1: Vermitteln Sie: Ich achte dich, ich nehme dich ernst! 29

Regel 2: Geben Sie dem Kind Rückmeldung über sein Verhalten! 35

Regel 3: Vermitteln Sie: Auf Mami ist Verlass! 37

Regel 4: Wappnen Sie Ihr Kind für seinen Alltag! 41

Regel 5: Begleiten Sie Ihr Kind zur Stille! 43

Regel 6: Erlauben Sie Ihrem Kind, sich seiner selbst bewusst zu werden! 46

Regel 7: Sensibilisieren Sie sich für die Bedürftigkeit Ihres Kindes! 49

Regel 8: Entlasten Sie Ihr Kind! 51

Regel 9: Lernen Sie von Ihrem Kind – und werden Sie selbst wieder Kind! 53

Regel 10: Setzen Sie auf Momente der Begegnung! 55

Inhalt

Aus der pädagogischen Trickkiste

Große Tricks für kleine Sturköpfe:

Wie bringe ich mein Kind dazu, dass es folgt? 56

Tolle Tricks für tobende Kids 61

Drei Tricks für kleine Angsthäschen 63

Glücks-Tipps für die Mamis 59

Beispiele und Lösungen 70

Probleme? Lösungen! 82

Vorwort

Erziehungsziele sind zeitgeistigen und kulturspezifischen Wandlungen unterworfen. Theorien eines richtigen Weges haben sich durch die Jahrhunderte gewandelt. So spannt sich ein großer Bogen von der Scholastik über die Aufklärung zur Reformpädagogik und bis hin zu dem demokratisch-liberalen gegenwärtigen Stil, der schließlich in der so genannten Peergroup-Erziehung gipfelt.

Ein Gedanken durchzieht allerdings alle Erziehungsbemühungen der zumindest letzten 50 Jahre, das ist die Liebe zum Kind. Sie findet Ausdruck in Wärme, Herzlichkeit und Zärtlichkeit und vor allem soll Achtung dem Kind gegenüber den Erziehungsstil bestimmen. Dies gelingt durch Ermutigung, Bestätigung und Stärkung des ICH-Bewusstseins.

Warum muss also dann ein Mamibuch wie dieses geschrieben werden?

Es ist die gesellschaftliche Verunsicherung, den richtigen Weg zu beschreiten. Es ist die Angst vor der Zeitübertaktung und des Stresses. Geht man von der Voraussetzung aus, dass die ersten Lebensjahre die wichtigsten für unser emotional-soziales SO-SEIN sind, dann lohnt es, sich Orientierungshilfen zu suchen.

Welche Mutter will nicht das Beste für ihr Kind?

Jede – so lautet die Antwort. Ein gelungener Beitrag dazu wurde von der Autorin geliefert: mit Tipps und Tricks, die jede Mami für sich selbst überdenken kann – und danach handeln.

o. Univ.-Prof. Dr. Max H. Friedrich

Eine kleine Theorie

Von der Kunst der Erziehung

Kinder wachsen, entwickeln sich – und müssen lernen, sich als kleine Persönlichkeiten in der Gesellschaft zurechtzufinden. Auf der einen Seite geht es dabei darum, in Berührung zu kommen mit dem eigenen, wunderbaren Menschsein, sich selbst kennen zu lernen, mit persönlichen Stärken und Schwächen umzugehen. Auf der anderen Seite ist der achtvolle Umgang mit dem Du gefragt, das Wahrnehmen des Gegenübers mit eben seiner Individualität, aber auch der Gruppenbedürfnisse und der Werte und Normen der Gesellschaft.

Der mündige, gemeinschaftsfähige Mensch lebt schließlich in Balance zwischen der Berücksichtigung des Wohls der Gemeinschaft und seinen persönlichen Interessen. Und er bringt den Mut auf, sich bei gleichzeitiger Achtung vor dem Gegenüber mit seiner Persönlichkeit in die Gruppe einzubringen.

Erziehung möchte das Kind befähigen, die gelebte Achtung vor der eigenen Individualität mit der Achtung vor dem Gegenüber und den Interessen der Gemeinschaft in Einklang zu bringen.

Erziehungskunst versteht sich als Stärkung und Unterstützung der Persönlichkeitsentwicklung des Kindes bei gleichzeitiger Sensibilisierung für das Du. Es ist Aufgabe der Führung durch die Eltern, ihre Söhne und Töchter zu achtvollem Umgang mit der eigenen Individualität *und* dem Gegenüber zu begleiten.

Wie aber kann es gelingen, das Kind zu stärken, und es zugleich für das Du zu öffnen? Wodurch können unsere Mädchen und Buben erspüren, dass es von unschätzbarem Wert ist, zu seinem Ich zu stehen – ohne dabei die Interessen der Gemeinschaft außer Acht zu lassen?

Das „Haus" der Kindererziehung wird auf dem Boden unseres bedingungslosen *Ja* zu unserem Kind, unserer bedingungslosen Liebe gebaut. Auf der Basis der Sicherheit des Kindes, als Mensch vollkommen angenommen zu sein, kann Erziehung Früchte tragen.

Bauen wir gemeinsam das Erziehungs-Haus, das sich auf vier tragende Säulen stützt: Die liebende Ermutigung, die Begegnung mit Regeln und Normen der Gesellschaft, das Gespräch mit dem Kind und die geglückte Vorbildwirkung. Die vier Säulen sind aufs Engste miteinander verwoben.

Das Erziehungs-Haus

Die Basis: Bedingungslose Liebe

Kinder streiten, raufen, nehmen einander ihre Spielsachen weg. Später fälschen sie Unterschriften und lügen. Kinder machen Fehler. Lieben wir unsere Mädchen und Buben weniger, weil sie Dinge tun, die sie nicht tun sollten – und mehr, wenn sie sich brav und artig verhalten? Oder verlieren wir unter keinen Umständen den liebenden, wohlwollenden Blick?

> Erziehung setzt dort an, wo wir spürbar machen: Auch wenn ich dein Verhalten nicht immer gutheißen kann: Meine Liebe zu dir steht fest.

Beispiel:
Konstantin möchte ein Stück Schokolade – seine Mutter sagt *Nein*. Der Zweieinhalbjährige zieht alle Register – Schreien, Weinen, Auf-den-Boden-Werfen. Die Mutter nimmt ihr Kind liebevoll in den Arm und begründet in sachlichem Ton ihr *Nein*.

Konstantins Mutter schenkt dem Kind *emotionale Bergung*; sie vermittelt: *Ich kann dein Verhalten zwar nicht gutheißen, aber ich habe dich lieb.* Dein Verhalten ist die eine Sache, dein Wert als Mensch die andere. Ich nehme dich vollkommen an.

Darum geht es: Schenken Sie Ihrem Kind bedingungslose Annahme, nehmen Sie es in kritischen Momenten in den Arm. Je mehr sich Ihr Sohn oder Ihre Tochter als Mensch angenommen fühlt, desto eher kann er/sie sich für kritische Worte öffnen!

> Vermitteln Sie: Dein Verhalten ist die eine Sache – dein Wert als Person die andere.

In welchen Situationen kann ich meinem Kind meine bedingungslose Liebe besonders spürbar machen?

- Wenn sein Verhalten nicht in Ordnung ist. Weisen Sie Ihr Kind in ruhigem, sachlichem Ton zurecht und nehmen Sie es zugleich liebevoll in den Arm.

Beispiele:
Die achtjährige Anna-Maria bringt ein „ausgeborgtes" Federpennal nach Hause. Ihre Mutter erklärt dem Mädchen, weshalb es nicht richtig ist, Gegenstände anderer zu entwenden – und nimmt ihr Kind während des Gesprächs in den Arm.

Als Fabian seinem Freund Rico sein Spielzeug entreißt, tritt Fabians Mutter dazwischen, hockt sich neben ihren Sohn, nimmt ihn liebevoll an der Hand und stellt klar: *Nein, mach das nicht. Das Spielzeug gehört Rico. Komm, wir fragen ihn, ob er es uns borgt.*

- Wenn sich Ihr Kind völlig anders verhält, als Sie es von ihm erwarten würden und gerne hätten. Machen Sie Ihre Achtung vor der kindlichen Persönlichkeit spürbar!

Beispiel:
Als die Kinder in der Musikschule auf die Trommeln schlagen, rollt Ferdinand sein Instrument über den Boden. Die Mutter des Buben gibt dem Experiment ihres Kindes Raum, versucht aber, Ferdinand sanft zur Aufgabe zurückzuführen: *Toll, deine Idee! Lass mich auch einmal versuchen! Komm, jetzt schlagen wir gemeinsam auf die Trommel!*

Fangen Sie heute damit an, Ihrem Kind Ihre bedingungslose Liebe spürbar zu machen!

Erziehungs-Haus

Die erste Säule: Werden Sie zur Mut-Mach-Mami!

Die ersten Gehversuche unserer Mädchen und Buben unterstützen wir Mütter meist instinktiv: Wir freuen uns über Erfolge, spornen an, es wieder zu versuchen, und reichen die Hand, wenn es nötig ist.
Hier passiert das, was später auch in anderen Bereichen selbstverständlich sein sollte: gezielte Ermutigung. Das Kind beobachten, Fortschritte bemerken, loben, bei neuerlichen Versuchen begleiten – und vor allem da sein, wenn man gebraucht wird.

Spüren Sie Stärken und Schwächen Ihres Kindes auf und fangen Sie jetzt damit an, Ihr Kind gezielt zu ermutigen!

Stärken erkennen – Stärken benennen

Beobachten Sie Ihr Kind: *Was macht seine wunderbare Persönlichkeit aus? Was kann Ihr Sohn/Ihre Tochter besonders gut?*
Machen Sie Ihrem Kind die eigenen Stärken immer wieder im Gespräch bewusst!

Beispiele:
Die sechsjährige Maria nimmt sich gerne für andere zurück – und wartet geduldig, bis sie an der Reihe ist. Abends beim Zubettgehen betont ihre Mami: *Mir ist heute aufgefallen, dass sich viele Kinder in der Musikstunde vorgedrängt haben. Du aber hast gewartet. Das finde ich toll! Weißt du, es ist wichtig, warten zu können – viele Erwachsene können das nicht so gut wie du!*

Maxi passt gut auf seine kleine Schwester auf. So macht der Vierjährige seine Mutter immer wieder darauf aufmerksam, dass Anika mit einem gefährlichen Gegenstand spielt. Mami lobt ihren Sohn: *Ich finde es toll, dass du so gut auf deine Schwester achtgibst.*

Kevin ist ein toller Musiker; in der wöchentlich stattfindenden Musikstunde singt der Bub begeistert mit. Etwas später bemerkt seine Mutter: *Kevin, ich finde es toll, dass du so gerne mitsingst!*

Konstantin ist ein einfühlsamer Bub. Er spürt, wenn es anderen schlecht geht – und bringt sie zum Lachen. Seine Mutter betont: *Konsti, ich habe bemerkt, dass sich die anderen Kinder sehr freuen, wenn du sie zum Lachen bringst. Das ist eine besondere Gabe!*

Schwächen erkennen – das Kind stützend begleiten

Wann fehlt es Ihrem Kind an Mut? Wann schafft es Ihr Kind nicht, Alltagsmomente stark und selbstbewusst zu bewältigen? Vielleicht traut sich Ihr Sohn nicht zu, mit fremden Kindern zu sprechen; vielleicht hält es Ihre Tochter nicht aus, dass Sie sich mit ihrer Schwester beschäftigen? Vielleicht schafft es Ihr Kind nicht, im Spiel zu verlieren, und läuft lieber gleich davon? Machen Sie sich ein Bild von den immer wiederkehrenden „Mutlos-Situationen"!

> Beachten Sie: Weglaufen, Ausrasten, Sich-auf-den-Boden-Werfen oder Herumschreien sind häufig Fluchtversuche aus für das Kind unlösbaren Situationen! Spüren Sie die „Auslöser" auf!

Zumeist wird das Kind gar nicht versuchen, diese Situationen mutig und selbstbewusst zu bewältigen. Wenn Sie sich aber auf die gezielte Beobachtung Ihres Kindes einlassen, werden Sie merken, dass es mitunter einen winzigen *Mut-Schritt* versucht, und sich an den Bewältigungsversuch der Aufgabe herantastet. Legen Sie sich „auf die Lauer", begleiten und stützen Sie Ihr Kind durch ermutigende Worte!

Erziehungs-Haus

Beispiele:

Wenn der achtjährige Kevin im Spiel verliert, läuft er schreiend durch die Wohnung. Eines Tages wird der Bub für einen kurzen Moment still, als er im Spiel ausscheidet. Seine Mutter betont: *Toll, dass du jetzt sitzen bleibst und nicht gleich davonläufst! Ich finde, du bist der eigentliche Gewinner des Spiels!*

Julia zeigt in Kindergruppen stets ängstliche Zurückhaltung. Das Mädchen braucht die stützende Hand seiner Mutter. Als im Turnen die Kinder aufgefordert werden, sich einen Ball zu holen, geht das Mädchen einen zaghaften Schritt auf die Bälle zu. Ihre Mami ermutigt: *Super, dass du es allein versuchen möchtest!*

Jonas traut sich nicht, mit anderen Kindern zu sprechen. Eines Nachmittags teilt Anika auf dem Spielplatz Brezeln aus. Jonas blickt unsicher zu dem Mädchen – und überlegt, ob er sich trauen soll, um eine Brezel zu bitten. Jonas' Mami unterstützt ihr Kind: *Schatz, ich glaube, Anika gibt dir gerne auch eine Brezel. Komm, ich begleite dich hin und wir versuchen gemeinsam, sie zu fragen.*

Tobias drängt sich unentwegt vor. Als sich der Bub eines Tages einen Moment zurückhält, lobt ihn seine Mutter mit den Worten: *Super, dass du warten kannst. Ich weiß, dass das schwer ist – auch mir fällt das Warten oft schwer.*

Katja tritt in der Musikstunde stets schüchtern auf. Ist das Mädchen an der Reihe, versteckt es sich hinter dem Rücken seiner Mutter. Eines Tages soll Katja auf die große Trommel schlagen. Das Kind blickt zögernd zu Boden, bleibt aber auf seinem Platz stehen. Mami stützt ihr Mädchen: *Kathi und ich trommeln gemeinsam, ich möchte das auch so gerne einmal versuchen!*

Die zweite Säule: Liebevolle Konsequenz

Kinder müssen lernen, dass es nicht richtig ist, anderen das Spielzeug zu entreißen oder Mami anzulügen. Es geht auch nicht an, jüngere Geschwister zu schlagen, weil man sich gerade eben ärgert. Das Handeln des Kindes soll zunehmend an den Interessen des Du Orientierung finden.

Es ist unsere Aufgabe, die Kinder mit starker Hand in eine gute Richtung zu führen – und zwar möglichst so, dass sie sich weiterhin geliebt und angenommen fühlen!
Dabei gilt:
1. Es reicht nicht aus, dem Kind einfach nur zu sagen, was es zu tun und lassen hat. Erklärungen sind wichtig, Warum-Fragen willkommen!
2. Was auch immer Sie fordern oder verbieten: Ihr Kind soll wissen: Mami hat mich lieb. Sie *muss* manches von mir verlangen, weil es notwendig ist. Suchen Sie vor allem in Konfliktsituationen die Berührung Ihres Kindes!

Step by Step: Der Weg zu liebevoller Konsequenz

Kinder brauchen Halt und Orientierung – und keine Mami kommt um Regeln herum. Wie aber ist es möglich, dem Kind bei aller Klarheit zu vermitteln, dass es geliebt wird? Wie können wir Mütter in liebevoller Weise mit starker Hand führen?

> Der wichtigste Appell lautet: Setzen Sie sich auseinander, suchen Sie das Gespräch, erklären und begründen Sie!

Step 1: Komm, ich erklär's dir
Egal, wie alt Ihr Kind ist: Es muss so weit wie möglich *verstehen*, warum es dieses darf oder jenes unterlassen soll. Nehmen Sie sich häufig Zeit für kindgerechte Antworten auf Warum-Fragen, erklären und begründen Sie!

Sätze wie *Weil ich es so möchte, Weil ich es sage* oder *Weil das so ist* sind keine Begründungen!

Begründen und erklären Sie die Forderungen an Ihr Kind!

Beispiele:
Warum darf ich andere nicht schlagen?
Mami erklärt: *Stell dir vor, dein Freund X. würde dich schlagen. Das würde dir wehtun und du wärst traurig, weil du glaubst, er mag dich nicht mehr. Weißt du, wenn du jemanden schlägst, zeigst du ihm, dass du ihn nicht magst, und tust ihm weh.*

Warum darf ich meine Spielzeugautos nicht herumwerfen?
Mami erklärt: *Komm, überlegen wir einmal, was passieren könnte, wenn wir mit Autos werfen. Es kann zum Beispiel sein, dass sie kaputt werden. Oder du könntest mit dem Auto ein anderes Kind treffen und das würde ihm wehtun.*

Warum soll ich mein Essen nicht auf den Boden werfen?
Mama erklärt: *Weißt du, wenn du das Essen auf den Boden wirfst, macht mir das eine Menge Arbeit. Ich muss den Besen holen und die Schaufel und zusammenkehren. Und es wäre doch schöner, wenn wir in dieser Zeit zusammen spielen könnten.*
Und weißt du, Essen ist etwas Besonderes, das wir brauchen, damit es uns gutgeht. Nicht alle Kinder haben genug zu essen. Es ist wichtig, dass wir dankbar sind, und das auch zeigen.

Tipp: Verwenden Sie in Ihren Erklärungen häufig ein *Wir* statt einem *Du*. Wenn Ihr Kind spürt, dass Regeln kein persönlicher Angriff sind, sondern für alle in gleicher Weise gelten, kann es sie besser annehmen.

Warum muss ich zur Schule gehen?
Mama erklärt: *Du weißt doch, dass Papa arbeitet und Geld verdient, damit wir uns etwas zu essen kaufen können und es gut haben. Du sollst später auch einmal so tüchtig wie der Papa werden und dafür musst du lesen und schreiben können. Und das lernst du in der Schule. Ich weiß natürlich, dass das nicht immer lustig ist. Aber man muss im Leben auch lernen, Dinge zu tun, die keinen Spaß machen.*

Step 2: Komm, ich zeig's dir!
Die Einsicht Ihres Kindes kann mit seiner Erfahrung wachsen. Besonders für junge Kinder gilt: *Sprechen* Sie nicht nur, handeln und experimentieren Sie auch!

Machen Sie *erlebbar*: Regeln, die Mami vorgibt, machen Sinn!

Beispiele:
Der vierjährige Sebastian rempelt auf dem Spielplatz andere Kinder. Abends holt Mami ihr Kind zu sich.
Mama: *Schatz, komm einmal her. Überlegen wir einmal, warum man anderen Kindern nicht wehtun soll. Schau, ich zeig dir was* (Mama stößt ihr Kind vorsichtig). *Wie fühlt sich das an? Ist das angenehm? Denkst du jetzt, dass ich dich lieb habe? Nein? Siehst du, das ist das Problem: Wenn du einem Kind wehtust, zeigst du ihm: Du, du bist mir egal. Ich mag dich nicht. Bitte, mach das nicht!*

Sarah entreißt anderen ihr Spielzeug.
Mama schlägt vor: *Schatz, ich habe eine Idee. Hol einmal dein liebstes Spielzeug her! O. k., und jetzt spielen wir, dass ich es dir einfach wegnehme. Wie geht es dir damit? Freust du dich oder bist du traurig?*

Erziehungs-Haus

Mein Sohn Max warf im Garten mit Steinen. Wir überlegten gemeinsam, weshalb man mit Steinen nicht werfen soll:
Mama: *Weißt du, wenn du jemanden triffst, kannst du ihm sehr wehtun. Schau, ich zeig's dir.*
(Ich nahm einen Stein und schlug damit leicht auf meine Hand.)
Siehst du, das tut weh, auch wenn ich das ganz leicht mache.
Maxi: *Und mit kleinen Steinen?*
Mami: *Auch mit kleinen Steinen sollst du nicht werfen, wenn andere Kinder dabei sind.*
Aber: *Wenn du einmal einen ganz kleinen Stein findest, dann kannst du damit werfen, aber bitte nur dann, wenn kein anderes Kind in der Nähe ist.*

Step 3: Das Thema im Alltag immer wieder aufrollen
Ihr Kind hat den Sinn einer Regel verstanden? Vermitteln Sie bei Gelegenheit im Alltag immer wieder: *Das, was ich von dir verlange, macht Sinn!*

Beispiel:
Max und ich beobachteten eines Tages im Wald, dass sich ein kleines Kind an einem Stein verletzt hat. Diese Gelegenheit nahm ich zum Anlass, meinem Sohn erneut die Bedeutung des „Stein-Werf-Verbots" ins Gedächtnis zu rufen. (*Siehst du, deshalb ist es wichtig, dass du nur dann ganz vorsichtig mit Steinen spielst, wenn du allein bist!*)

Step 4: Konsequenzen ankündigen – Konsequenzen setzen
Mitunter nützen die besten Begründungen und Erklärungen nichts. Das Kind schaltet auf Durchzug, wirft unbeirrt mit Steinen, nimmt anderen das Spielzeug weg, schleudert Essensreste durch den Raum.
Kündigen Sie Ihrem Kind die Konsequenz bei erneutem Nicht-Folgen an – und setzen Sie diese auch um! Machen Sie ohne weitere Erklärung spürbar: *So geht es nicht!*

Beispiele:
Wenn du noch einmal mit den Autos herumschießt, räume ich sie weg.

Wenn du noch einmal absichtlich herumspritzt, musst du aus der Badewanne kommen.

Wenn du noch einmal anderen das Spielzeug entreißt, fahren wir sofort nach Hause.

- Handeln Sie berechenbar – kündigen Sie Konsequenzen kindlichen Fehlverhaltens unbedingt an! „Strafen", die für das Kind nicht vorhersehbar sind, verletzen.
- Sprechen Sie niemals leere Drohungen aus! Kündigen Sie nur an, was Sie auch tatsächlich umzusetzen bereit sind!
- Versuchen Sie, die Forderungen an Ihr Kind nicht nach Lust und Laune zu wechseln! Schenken Sie Halt, indem Sie an heute „erstellten" Regeln auch morgen festhalten.

Beispiele:
Sophie schlägt Lukas. Sophies Mutter beteuert: *Wenn du das noch einmal machst, fahren wir sofort nach Hause.* Als das Mädchen erneut zuschlägt, nimmt ihre Mutter das Kind wortlos bei der Hand und fährt mit ihm nach Hause.

Lena nimmt ihrer Schwester Anika das Spielzeug weg. Mama betont: *Leni, gib ihr das bitte zurück.* Als Lena nicht folgt, kündigt Mama an: *Schatz, gib es ihr zurück. Wenn du nicht folgst, geb ich ihr ein Spielzeug von dir.*
Bei erneuter Missachtung der Forderung gibt Mama Anika das Lieblingsspielzeug ihrer Schwester.

Erziehungs-Haus

Step 5: Verzeihen – Versöhnen: Alles ist gut

Wenn wir ohne Konsequenzen nicht ausgekommen sind, müssen wir gleichzeitig dem Kind spürbar machen: Mein Verhalten hatte keine persönlichen, sondern sachliche Motive: *Ich bin nicht böse auf dich. Es ist mir nichts anderes übrig geblieben, als konsequent zu sein.*

> Rücken Sie die schwierige Situation durch ein schönes, gemeinsames Erlebnis in den Hintergrund! Machen Sie spürbar: Ich habe dich lieb!

Beispiel:

Mama hat mit ihrem Sohn Fabian vier Stunden auf dem Spielplatz verbracht. Nach dreimaliger Ankündigung war es nun an der Zeit, nach Hause zu gehen. Fabian tobte.

Kaum saßen Mutter und Sohn im Auto, beruhigte sich der Bub. Mami streichelte ihr Kind und erzählte ihm seine Lieblingsgeschichte.

Die dritte Säule: Das Gespräch mit dem Kind

Im schnelllebigen Alltag bleibt wenig Zeit, sich mit dem Nächsten auseinanderzusetzen. Auch die Mutter-Kind-Beziehung ist davon betroffen. Wie gut es da tut, sich für das Miteinanderreden Zeit zu nehmen!
Im Vier-Augen-Gespräch setzen wir den Rahmen, den es mitunter braucht, um ganz aufmerksam zu werden, uns auf unser Kind einzulassen.
So ist nicht verwunderlich, dass auch wir Mütter aus dem Gespräch Kraft ziehen: Das Hinhören, das „Ganz-beim-Kind-Sein", öffnet uns für die Stärken unserer Mädchen und Buben.

Vergessen wir auch nicht: Gerade im Dialog findet Erziehung statt.
Hier ist nicht nur Raum für Ermutigung; hier werden auch Regeln erklärt und begründet.

> Besonders für schwierige Zeiten gilt: Nehmen Sie sich bewusst Zeit für das Miteinanderreden – und erinnern Sie sich später in kritischen Situationen an die schönen Gesprächsmomente!

Komm, wir kriechen ins Zelt!

Gemütlichkeit ist die Basis schöner Gespräche zwischen Mami und Kind. Machen Sie es sich zu zweit so richtig nett!
Liegt Ihr Kind gerne neben Ihnen im Bett? Wunderbar, dann ziehen Sie sich mit ihm ins Schlafzimmer zurück!
Hat Ihr Sohn oder Ihre Tochter ein kleines Zelt, in das Sie mitunter eingeladen werden? Verkriechen Sie sich gemeinsam! Erlaubt ist, was Wohlgefühl vermittelt – und Sie beide zu *Verbündeten* macht!

> Wichtig: Verzichten Sie auf Nebenbei-Berieselung durch Radio und Fernseher und lassen Sie sich ganz auf das Gespräch ein!

Worüber soll ich mit meinem Kind sprechen?

Meist suchen wir Mütter das Gespräch über das Verhalten des Kindes. Doch auch das Miteinanderreden über Erlebnisse des Tages, bevorstehende Ereignisse, Sorgen und Ängste des Kindes schaffen ein wertvolles Wir-Gefühl für Mami und Kind!

Für Gespräche über *Fehlverhalten* des Kindes gilt:
- Überlegen Sie vor Gesprächsbeginn: *Worauf bin ich heute stolz gewesen? Was hat mein Kind in letzter Zeit besonders gut gemacht?* Sprechen Sie zunächst über Positives – loben Sie Ihr Kind!
- Thematisieren Sie erst im zweiten Schritt Verhalten, das nicht in Ordnung ist. *Vermitteln Sie dabei bedingungslose Liebe und Akzeptanz, indem Sie Ihr Kind berühren!* Bergen Sie Ihr Kind emotional – und machen Sie dadurch Kritik annehmbar!
- Entlasten Sie Ihr Kind, indem Sie vermitteln: *Alle Menschen machen Fehler – auch anderen Mädchen und Buben und mir selbst ist das schon passiert.*

Wichtig: Berühren Sie Ihr Kind, wenn Sie es kritisieren!
Die emotionale Bergung macht Kritik annehmbar!

Beispiel:
Mama: *Maxi, ich bin sehr stolz auf dich. Ich finde, du bist immer sehr lieb zu anderen Kindern. Zum Beispiel heute ist mir aufgefallen, dass du mit Maria dein Brot geteilt hast.*
Aber: Für mich ist es manchmal ein bisschen schwer, wenn du nicht tust, was ich gerne von dir hätte.
Weißt du, ich kann gut verstehen, dass es Spaß macht, nicht zu folgen. Als ich ein Kind war, habe ich auch nicht gerne gefolgt. Aber irgendwann hab ich dann verstanden, dass manches einfach sein muss – unabhängig davon, ob wir es wollen oder nicht.

Für Gespräche über Probleme mit anderen Kindern gilt:
- Stimmen Sie sich in einem ersten Schritt auf die Gefühlswelt Ihres Kindes ein: Wie geht es ihm in der geschilderten Situation?
Fühlt es Ärger, Wut oder Schmerz?
- Fühlen Sie selbst sich verletzt wegen des Verhaltens anderer Kinder? Vorsicht! Sie laufen Gefahr, Ihrem Sohn oder Ihrer Tochter eigene Gefühle überzustülpen! Grenzen Sie sich ab – versuchen Sie, Ihre Gefühle „im Zaum zu halten"! Es geht hier nicht um Sie, sondern um Ihr Kind!
- Regen Sie Ihren Sohn oder Ihre Tochter an, selbst in seiner Fantasie Lösungsmöglichkeiten für schwierige Situationen zu finden! Erweitern Sie den Handlungsspielraum Ihres Kindes!

Beispiel:
Marvin: *Mami, die Anja hat im Kindergarten gesagt: Geh weg!*
Mama: *Aha, und wie hast du darauf reagiert?*
Marvin: *Ich bin weggegangen.*
Mama: *Und hast du dich geärgert? Wie ist es dir gegangen?*
Marvin: *Nein, ich hab mir ein Buch genommen und hab gelesen.*
Mama: *Das find ich toll!*
Überleg einmal, was du noch tun hättest können.
Marvin: *Nein sagen.*
Mama: *Aha, und was glaubst du, hätte die Anja darauf gesagt?*
Marvin: Wieder: *Geh weg!*
Mama: *Aha. Wäre das angenehm für dich?*
Marvin: *Naja, ist mir egal.*
Mama: *Du könntest zum Beispiel auch gar nichts darauf sagen. Weißt du, du hast immer verschiedene Möglichkeiten. Du kannst bleiben, du kannst gehen, du kannst alleine etwas spielen, anderen beim Spielen zusehen oder vielleicht woanders mitspielen. Wichtig ist, dass es dir gutgeht mit dem, was du tust!*

Für Gespräche über bevorstehende Ereignisse, Ängste und Sorgen des Kindes gilt:

- Machen Sie im Gespräch spürbar: *Ich kann dich vor schmerzhaften Erfahrungen nicht schützen – aber ich habe dich lieb und bin für dich da. Ich nehme deine Sorgen ernst.*
- Beantworten Sie Fragen offen und ehrlich – und lügen Sie Ihr Kind unter keinen Umständen an! (Natürlich meinen wir Mütter es nur gut, wenn wir die Frage unserer Kinder, ob denn der Zahnarzt wehtun wird, mit einem entschiedenen *Nein* beantworten.
Vorsicht! Die bequeme Lösung wird schnell zum Vertrauensmissbrauch – dann nämlich, wenn der Zahnarzt Ihrem Kind wehtun muss.)

Bleiben Sie bei der Wahrheit – und geben Sie Ihrem Kind gegenüber auch eigene Unsicherheiten zu!

- Vermitteln Sie, dass Sie alles Ihnen Mögliche tun werden, um Ihr Kind bestmöglich zu unterstützen!

Beispiele:
Maxi: *Ich mag nicht in den Kindergarten gehen.*
Mami: *Ich verstehe, dass du Angst hast. Viele Menschen haben Angst, wenn sie in eine Gruppe kommen, die sie nicht kennen. Ich fürchte mich zum Beispiel, wenn ich ein Referat halten muss. Kannst du mir sagen, wovor genau du Angst hast?*
Maxi: *Ich mag nicht ohne dich sein.*
Mami: *Das kann ich gut verstehen. Weißt du, im Leben ist es manchmal wichtig, dass man etwas tut, obwohl man Angst hat. Nachher fühlt man sich dann ganz toll. Weißt du, ich kann dir nicht versprechen, dass es immer lustig sein wird im Kindergarten. Aber ich verspreche dir, dass ich dich immer unterstützen werde. Pass auf, wir machen uns aus, dass ich so lange in der Garderobe bleibe, bis es für dich o. k. ist, dass ich gehe.*

Mama: *Maxi, komm, wir gehen in die Musikschule.*
Maxi: *Nein, das mag ich nicht.*
Mama: *Warum denn nicht?*
Maxi: *Weil es so laut ist.*
Mama: *O. k., ich verstehe. Ich habe eine Idee.*
Wir gehen hin und wenn es dir zu laut wird, gehen wir nach Hause.
Glaubst du, du schaffst es, mir klar zu sagen, wann es zu laut für dich ist?

Mama: *Konsti, heute gehen wir zum Augendoktor.*
Konsti: *Nein, das mag ich nicht.*
Mama: *Warum nicht?*
Konsti: *Da fürcht ich mich.*
Mama: *Ich verstehe. Aber weh wird er nicht tun, der Augenarzt.*
Weißt du was, ich zeige dir, was der Herr Doktor tun wird.
(Mama holt die Taschenlampe).
Ich glaube, der Herr Doktor wird dir mit der Lampe in die Augen hineinleuchten.
Wollen wir das einmal ausprobieren?
(Mama spielt, dass sie in die Augen leuchtet.)
Weißt du, als ich ein Kind war, habe ich auch Angst davor gehabt, dass mich der Herr Doktor untersucht. Ich finde es toll, dass du dich das schon traust!
Du bist viel mutiger als Mama!

Die vierte Säule: Das gelebte Vorbild

Kennen Sie Mütter, die kein Wort miteinander wechseln, weil sich ihre Kinder vergangene Woche um ein Spielzeugauto gestritten haben? Oder einen Papa, der seinen Sohn darin bestärkt, sich von den anderen nur ja nichts gefallen zu lassen? Vielleicht ist Ihnen selbst schon passiert, dass sie den Kleidungsstil oder das Benehmen anderer belächeln – vor Ihrem Kind.
Vorsicht: Kinder imitieren. Wir dürfen nicht erwarten, dass unsere Söhne und Töchter anderen Menschen liebevoll begegnen, wenn wir selbst lieblos agieren.

Losgeht's: Leben wir ein liebevolles Miteinander vor!

Kinder müssen lernen, anderen Menschen in liebevoller Weise zu begegnen. Für uns Mütter gilt: Setzen wir bei *uns* an – und leben wir respektvollen Umgang mit dem Gegenüber vor!

Auf den Tonfall achten

Beispiel:
Auf dem Spielplatz herrscht reger Aufruhr: Der zweijährige Jonas stößt andere Kinder. Seine Mutter stürzt auf den Buben zu und schreit: *Bist du wahnsinnig? Benimm dich gefälligst oder wir gehen sofort nach Hause!*

Die Reaktion der Mutter ist verständlich – sie erschrickt über die Handlungsweise ihres Sohnes. Und natürlich ist es wichtig, sein aggressives Verhalten sofort zu stoppen. Im Sinne unserer Vorbildwirkung jedoch gilt: Halten wir auch in schwierigen Erziehungssituationen am liebevollen Umgangston mit unserem Kind fest!

Beispiel:
Die dreijährige Katrin entreißt dem verdutzten Max wiederholt sein

Spielzeug. Die Mutter des Mädchens hockt sich zu den Kindern, nimmt ihre Tochter bei der Hand und erklärt in ruhigem, liebevollem Ton:
Dieses Spielzeug gehört Max; geben wir es ihm wieder zurück. Ich bin sicher, dass er es uns borgt, wenn wir ihn lieb darum bitten. Wollen wir es gemeinsam versuchen?

Den „geraden Weg" wählen
Wollen Sie Ihr Kind zur Wahrheitsliebe erziehen? Bemühen Sie selbst sich um Ehrlichkeit – und dazu gehört mehr, als bloß immer die Wahrheit zu *sagen*! Vermitteln Sie: *Der ehrliche ist nicht der einfachste, aber der richtige Weg!*

Beispiel:
Max nimmt aus dem Eislokal einen Löffel mit. Als es seine Mutter bemerkt, sucht sie das Gespräch mit ihrem Sohn:
Weißt du, es wäre jetzt leichter, den Löffel einfach mitzunehmen.
Aber das ist nicht richtig. Warum? Was denkst du? (...)
Stell dir einmal vor, wir laden jemanden ein und der nimmt einfach unseren Löffel mit. Wir hätten bald keine Löffel mehr. Dann müssten wir neue kaufen und wären wahrscheinlich traurig. Komm, wir bringen den Löffel zurück.

> **Wichtig:** Ihre Wahrheitsliebe stärkt das Vertrauen Ihres Kindes in seine Mama. Das Kind lernt: *Mami lügt nicht. Was sie sagt, hat Geltung. Ich kann ihr vertrauen.*

Beispiel:
Silvia hat Halsschmerzen und muss zum Arzt. Ängstlich fragt sie ihre Mami: *Wird es eh nicht wehtun?* Mama betont: *Ich kann dir das nicht versprechen; ich glaube schon, dass dir der Herr Doktor in den Hals schauen wird, und das kann unangenehm sein. Aber ich verspreche dir, dass ich gut auf dich aufpassen werde.*

Erziehungs-Haus

Anderen eine Freude machen

Machen Sie gerne gemeinsam mit Ihrem Kind anderen eine Freude? Suchen Sie miteinander ein Geburtstagsgeschenk für den besten Freund aus oder pflücken für Omi eine kleine Blume aus dem Garten?
Dann sind Sie auf einem wunderbaren Weg – und vermitteln Ihrem Kind, dass es beglückend ist, anderen eine Freude zu machen.

> Machen Sie Ihrem Kind erlebbar: Es ist schön, anderen eine Freude zu bereiten!

Anderen zusehen und sich für sie freuen

Wie geht es Ihnen, wenn Sie warten müssen, bis Sie an der Reihe sind? Stehen Sie geduldig an oder werden Sie nervös und versuchen sich vorzudrängen?
Wenn wir von unseren Kindern Geduld und Selbstzurücknahme fordern, müssen wir bei uns selbst ansetzen. Üben wir uns in Geduld – und nutzen wir die Gelegenheit, uns für andere zu freuen!

Beispiel:
In der Mutter-Kind-Turnstunde stellen sich die Kinder mit ihren Müttern an. Ricos Mama macht ihren Sohn aufmerksam: *Schau mal, wie toll der Tobias schaukeln kann!*

> Üben Sie mit Ihrem Kind Zurücknahme! Vermitteln Sie Freude daran, anderen zuzusehen!

Komm, wir haben trotzdem Spaß!

Stellen Sie sich vor, Sie möchten mit Ihrem Kind schwimmen gehen. Nach einer einstündigen Autofahrt stehen Sie vor verschlossenen Türen. Das Schwimmbad hat wegen Renovierung geschlossen.

Wie reagieren Sie? Fahren Sie verärgert wieder nach Hause oder besuchen Sie ein gutes Restaurant in der Gegend?

Hoffentlich Letzteres – denn gerade in diesem Bereich ist Vorbildwirkung gefragt! Unsere eigenen Ressourcen, äußeren Umständen zu trotzen, bestimmen das spätere Lebensglück unserer Kinder entscheidend mit!

> Kinder müssen lernen: Ich bin in meiner Lebensfreude nicht von äußeren Umständen abhängig! Begleiten Sie Ihren Sohn oder Ihre Tochter zu freiem Umgang mit unterschiedlichen Handlungsmöglichkeiten!

Beispiel:
Manuel und seine Mama möchten sich mit einem Freund und seiner Mutter treffen, die jedoch schon etwas anderes vorhaben.
Mami nimmt die telefonische Absage sachlich zur Kenntnis und vermittelt ihrem Sohn emotionslos: *Schatz, der Moritz hat keine Zeit. Was können wir beide Tolles unternehmen? Wollen wir vielleicht ein tolles Bild malen?*

Auch ich mache Fehler, aber ich bemühe mich

Klar ist: Wir wollen und können unsere Kinder nicht zu kleinen fehlerlosen Übermenschen erziehen. Menschen machen Fehler. Wichtig ist, das Kind in seinem Bemühen um den richtigen Weg stützend zu begleiten.
Gerade in diesem Bereich ist unsere Vorbildwirkung gefragt.
Vermitteln Sie: *Auch ich mache Fehler, aber ich bemühe mich!*

Beispiel:
Ich erzählte meinen Kindern, dass es mir als Kind schwergefallen ist, mit meiner Wut umzugehen, und ich mitunter im Zorn Gegenstände auf den Boden geworfen habe.

> Vermitteln Sie: Es ist keine Schande, Fehler zu machen!
> Wichtig ist, dass wir darüber nachdenken, und uns um den richtigen Weg bemühen! Legen Sie in Ihrem Kind die Bereitschaft zur Selbstreflexion grund!

Beispiel:
Ich habe meinen Sohn zu Unrecht beschuldigt, seiner Schwester das Spielzeug weggenommen zu haben. Als mich Max darauf aufmerksam machte, betonte ich: *Es tut mir leid, ich habe einen Fehler gemacht.*

Leben wir Mut zu Individualität!

Erziehung ist geglückt, wenn sich Kinder mit ihrer individuellen Persönlichkeit in die Gruppe einbringen. Das besonders einfühlsame Mädchen kann vielleicht traurige Kinder zum Mitspielen bewegen; der kleine Handwerker wird anderen Mädchen und Buben den Umgang mit Hammer und Nagel zeigen; der musisch-kreative Typ kann sich im Takt der Musik bewegen – und andere damit anstecken! Es braucht Mut, die eigenen Stärken zu leben. Auch in diesem Bereich ist unsere Vorbildwirkung gefragt!

Beispiel:
Als die Leiterin des Mutter-Kind-Turnens ein Lied anstimmt, ist Sebastians Mama die Einzige, die mitsingt. Ihr Mut „färbt" auf andere Mütter ab – und ermutigt auch sie, sich individuell in die Gruppe einzubringen.

> Wenn wir selbst uns trauen, die eigene Persönlichkeit – mit ihren Stärken und Schwächen – zu zeigen, können wir Kinder zur Entfaltung ihrer Individualität begleiten!

10 goldene Erziehungsregeln

Regel 1:
Vermitteln Sie: Ich achte dich, ich nehme dich ernst!

Nehmen Sie Ihr Kind ernst? *Natürlich,* werden Sie antworten – und doch „wischen" wir alle im hektischen Alltag über die Sorgen, Ängste und Wünsche unserer Kleinen hinweg.
Bedenken Sie: *Die Ernstnahme des Kindes, unser Respekt vor seinen Gefühlen ist nicht nur in Gesprächen gefragt. Achtung vor dem anderen wird vor allem im Kleinen spürbar!*

Wie und wann kann ich meinem Kind zeigen, dass ich es ernst nehme und respektiere?

Respektieren Sie den Freiraum Ihres Kindes!

Wie geht es Ihnen, wenn Ihr Sohn seine Zimmertür vor Ihnen verschließt? Wie gehen Sie damit um, wenn Ihre Tochter „Kindergarten-Fragen" nicht beantwortet und sich genervt abwendet?
Sind Sie verärgert, vielleicht sogar gekränkt? Vorsicht: Es ist eine Mami-Pflicht, die Abgrenzung des eigenen Kindes zu akzeptieren. Fragen Sie Ihr Kind nicht aus! Mit zunehmendem Alter brauchen unsere Mädchen und Buben wachsende Freiräume – und wollen selbst entscheiden, wie viel davon sie preisgeben.

> Es ist wichtig, die wachsende Selbstständigkeit zu respektieren.
> Nehmen Sie sich zurück und freuen Sie sich für Ihr Kind!

Beispiel:
Mami fragt ihren Sohn nach dem Kindergarten: *Möchtest du mir etwas erzählen?*
Tristan antwortet: *Nein.*
Mami: *O. k., sag mir einfach, wenn du mit mir sprechen willst.*

Achten Sie Wünsche und Vorlieben Ihres Kindes!

Natürlich versuchen wir alle, die Wünsche und Bedürfnisse unserer Kleinen ernst zu nehmen – und dann passiert es doch: Wir gestalten Geburtstagsfeiern für zehn Kinder, obwohl unser Geburtstagskind lieber mit dem Nachbarsbub ein Baumhaus gebaut hätte.

Leider neigen wir Mütter dazu, unseren Kindern eigene Wünsche *unterzuschieben*. Die Bedürfnisse der Kleinen werden im Keim erstickt.

> Versuchen wir, uns für die wahren Wünsche unserer Kinder zu sensibilisieren – hören wir zu, spüren wir hin!

Beispiele:
Wie gewohnt wollte ich zu Maxis drittem Geburtstag eine ganze Kinderschar einladen. Als ich meinen Sohn fragte, wen er denn gerne einladen würde, antwortete er: *Opa.* Rasch wollte ich sagen: *Aber geh, zum Geburtstag sollen doch viele Kinder kommen.* Zum Glück erkannte ich, dass ein turbulentes Geburtstagsfest wohl eher meinen Wünschen als denen meines Kindes entsprach. Mein Sohn wollte eben bloß seinen Großvater einladen – und so sollte es auch geschehen.

Rebecca liebt ihren Onkel über alles. Weil er stets ein Taschentuch in seiner rechten Hosentasche eingesteckt hat, möchte auch das Mädchen ein Taschentuch einstecken. Bevor Mami die Hose wäscht, fragt sie ihre Tochter, was mit dem Taschentuch geschehen soll – und wirft es nicht einfach achtlos weg.

Lassen Sie Ängste und Sorgen Ihres Kindes gelten – und handeln Sie danach!

Wie reagieren Sie, wenn Ihr Kind sagt: *Ich fürchte mich?* Wie gehen Sie damit um, dass sich Ihr Sohn Gedanken darüber macht, ob Großvater in der Dunkelheit nach Hause findet? Versuchen Sie, Ihr Kind zu überzeugen, dass es nicht notwendig ist, Angst zu haben? *(Aber geh, ist doch nicht so schlimm!)* Vorsicht! Sie vermitteln: *Du hast kein Recht auf deine Ängste! Ich nehme das, was dich bewegt, nicht ernst!*

Hier gilt:
- Hören Sie Ihrem besorgten Kind mit voller Aufmerksamkeit zu!
- Bekunden Sie Verständnis und bewerten Sie Ängste und Sorgen nicht!
- Stehen Sie Ihrem Kind in ehrlicher Weise Rede und Antwort!
- Versuchen Sie, in Ihrem Verhalten auf die Ängste Ihres Kindes Rücksicht zu nehmen.
- Für Abmachungen mit Ihrem Kind gilt: Halten Sie diese auf jeden Fall ein!

Beispiele:
Johanna hat Angst vor dem Arztbesuch und fragt ihre Mami, ob ihr der Arzt wehtun wird. Die Mutter betont: *Ich verstehe, dass du dich fürchtest. Ich kann dir auch nicht versprechen, dass es nicht ein wenig unangenehm sein wird. Wahrscheinlich wird dir der Arzt in den Hals schauen. Aber ich verspreche dir, dass es nicht schlimm werden wird, und dass ich an deiner Seite sein werde.*

Max hat Angst vor dem Kindergarten. Mami fragt: *Kannst du mir sagen, wovor du dich fürchtest?* Maxi betont: *Da sind so viele Kinder und es ist immer so laut, und das mag ich nicht!*

Erziehungsregeln

Mami spricht mit ihrem Sohn:
*Maxi, ich kann deine Sorgen gut verstehen. Ich weiß, dass es nicht leicht ist, weil alles sehr neu für dich ist. Ich fürchte mich auch, wenn ich in eine neue Gruppe komme. Ich glaube aber, dass es wichtig ist, zu lernen, wie man mit der Angst umgeht. Du wirst merken, dass man sich dann ganz toll fühlt.
Ich habe eine Idee: Ich begleite dich jeden Tag in den Kindergarten und setze mich in die Garderobe. Dort bleibe ich so lange, bis es für dich o. k. ist, dass ich nach Hause gehe. Was sagst du dazu?*

Du, ich möchte dir voll und ganz zuhören!

Kennen Sie das: Ihr Sohn möchte Ihnen erklären, wie der Müllwagen den Mistkübel hochhebt. Und Sie sind damit beschäftigt, das Abendessen fertigzustellen und Ihr Baby zu beruhigen.
In derart hektischen Momenten ist es schwer, Ruhe zu bewahren. Das Anliegen des Kindes geht im allgemeinen Trubel unter. Wir haben jetzt einfach keine Zeit.

Doch: Wir können unserem Sohn oder unserer Tochter auch dann respektvoll begegnen, wenn wir jetzt gerade nicht zuhören können! Wenden wir uns einfach für einen kurzen Moment dem Kind zu und stellen wir klar: *Schatz, ich kann jetzt nicht. Ich verspreche aber, mir möglichst bald Zeit für dich zu nehmen!*

Vermitteln Sie: Deine Anliegen sind mir wichtig!

Beispiel:
Mama und Papa tauschen sich über das Tagesgeschehen aus. Der fünfjährige Sebastian spricht dazwischen und möchte seiner Mutter etwas erzählen. Mama stellt klar: *O. k., machen wir es so. Zuerst erzählst du mir, was dich bewegt. Und dann spreche ich ungestört mit Papa.*

Oder: Schatz, ich möchte mit Papa zu Ende sprechen. Warte, dann bin ich gleich ganz bei dir!
Mami hört ihrem Kind zu.

> Setzen Sie Rahmen!
> Das Kind muss wissen, wann ihm seine Mami voll und ganz zuhören kann und wann es sich zurücknehmen muss!

Lassen Sie sich auf das Tempo Ihres Kindes ein – entschleunigen Sie!

Stellen Sie sich vor, Sie streifen mit Ihrem Kind durch den Wald. Ihr Sohn oder Ihre Tochter entdeckt einen Ameisenhaufen und nähert sich vorsichtig an. Zu gerne möchte Ihr Kind in aller Ruhe das emsige Treiben der Ameisen beobachten.
Wie verhalten Sie sich? Lassen Sie Ihrem Sohn oder Ihrer Tochter Zeit, sich ganz einzulassen, oder versuchen Sie, Ihr Kind anzutreiben, damit es endlich weitergeht?

Egal, wie alt Ihr Kind ist: Es ist wichtig, ihm den Raum zu schenken, sich in seinem eigenen Tempo mit der Welt auseinanderzusetzen.

> Versuchen Sie, Ihre eigene Geschwindigkeit möglichst oft an jene Ihres Kindes anzugleichen – *entschleunigen* Sie!

Zeigen Sie Respekt vor den Fantasiespielen Ihres Kindes!

Ihr Dreijähriger liebt Fantasiespiele – und wird zu Tieren oder verbringt seinen Tag mit imaginären Freunden? Wunderbar! Sie haben reichlich Gelegenheit, Ihrem Kind Ihre Achtung vor seiner Persönlichkeit spürbar zu machen. Gehen Sie respektvoll mit den Fantasien Ihres Kindes um!

Erziehungsregeln

Beispiele:

Marvin spielt *Löwe*, schüttelt sich und beteuert: *Der Löwe kommt aus dem Wasser!*
Seine Mama fragt: *Braucht der Löwe ein Handtuch?*

Luisas Puppe heißt Maria. Mama spricht Maria stets mit ihrem Namen an.

Noah „kocht" eine Suppe und nennt sie *Toquaqua*.
Seine Mama fragt ihren Sohn: *Darf ich Toquaqua kosten?*

Regel 2:
Geben Sie dem Kind Rückmeldung über sein Verhalten!

Schwierigkeiten im Sozialverhalten erwachsen meist fehlender Aufklärung. Kindern wissen oder bedenken häufig einfach nicht, was sie mit aggressivem Verhalten anrichten.

> Mädchen und Buben jeder Altersgruppe müssen *erleben und verstehen* dürfen: Es ist nicht egal, wie ich meinen Mitmenschen begegne. Mein Verhalten hat Konsequenzen.

Diese Einsicht bedarf gezielter Führung. Das Gespräch zwischen Mutter und Kind ist wesentlicher Bestandteil dieser Erziehungsarbeit. Nicht minder wichtig ist jedoch, dem Kind die Bedeutung sozialen Verhaltens *erlebbar* zu machen.

Wie kann ich mein Kind unterstützen?

- Beobachten Sie Ihr Kind. Mit Sicherheit gibt es Situationen, in denen es sich um soziales Verhalten im Umgang mit anderen bemüht. Loben Sie in der konkreten Situation oder in einem Vier-Augen-Gespräch!

Beispiel:
Ich habe bemerkt, dass du heute mit Tobi einfach dein Kipferl geteilt hast. Das find ich toll!

- Beobachten Sie, in welchen Momenten Ihr Kind liebloses, rücksichtsloses Verhalten zeigt – und sprechen Sie darüber! Entlasten Sie Ihren Sohn oder Ihre Tochter, indem Sie vermitteln: *Jeder macht Fehler – wichtig ist, dass wir uns um liebevolles Verhalten bemühen!*

Erziehungsregeln

Beispiel:
Ich habe beobachtet, dass sich viele Kinder beim Turnen vordrängen. Auch bei dir habe ich das schon bemerkt. Und ich verstehe das – auch ich würde mich oft gerne vordrängen. Aber weißt du, das ist nicht richtig! Überleg einmal, warum!

- Geht Ihr Kind gerade liebevoll mit einem anderen Kind, vielleicht mit seinem Geschwisterchen, um? Geben Sie Ihrem Sohn oder Ihrer Tochter *nonverbal* Rückmeldung über das Verhalten! Berühren Sie Ihr Kind auf liebevolle Weise, bergen Sie es emotional, machen Sie spürbar:
Wenn du Gutes tust, kommt es zu dir zurück!

Beispiel:
Der dreijährige Maxi streichelt seiner Schwester liebevoll über den Kopf. Mami setzt sich zu ihren Kindern, berührt Maxi und lobt zugleich sein Verhalten.

- Lassen Sie Ihr Kind im geschützten Umfeld mit sozialen/aggressiven Verhaltensweisen „experimentieren"! Geben Sie ihm die Möglichkeit, die Bedeutung rücksichtsvollen Verhaltens wirklich zu erleben.

Beispiel:
Katrin zwickt gerne andere Kinder und lacht dabei. Abends zieht Mami ihre Tochter auf den Schoß, kneift sie liebevoll in den Arm und fragt: *Du, ist das angenehm für dich? Ich finde das auch irgendwie lustig, aber wir müssen aufpassen. Wenn wir andere Menschen zwicken, kann ihnen das wehtun und wir zeigen ihnen, dass wir sie nicht lieb haben. Ich glaube, da müssen wir sehr vorsichtig sein.*

Tipp: Verwenden Sie in *Zurechtweisungen* häufig ein *Wir* statt einem *Du*. Wenn Ihr Kind spürt, dass Regeln kein persönlicher Angriff sind, sondern für alle in gleicher Weise gelten, kann es sie besser annehmen.

Regel 3:
Vermitteln Sie: Auf Mami ist Verlass!

Die Sicherheit des Kindes, sich auf seine Mutter verlassen zu können, ist Basis gelungener Erziehung. Je mehr Sie im Alltag spürbar machen können: *Ich bin auf deiner Seite*, desto eher wird sich Ihr Kind Ihrer führenden Hand anvertrauen.

Ihr Kind muss wissen: *Meine Mami steht zu mir.*

Meine Mami ist stolz auf mich!

Kennen Sie die Stärken Ihres Kindes? Der Kinder- und Jugendneuropsychiater Max H. Friedrich berichtete kürzlich im Rahmen eines Vortrags, dass viele Eltern detailliert Auskunft über die Schwächen ihrer Kinder geben können, aber wenig Ahnung von deren Stärken haben.
So ist manchen beispielsweise nicht bewusst, dass ihr Sohn besonders aufmerksam zuhören kann, oder ihre Tochter ein feines Gespür dafür hat, wenn es anderen schlecht geht.

Unsere Kenntnis der Stärken der kindlichen Persönlichkeit und unsere Bereitschaft, stolz vor anderen zu der Individualität unseres Kindes zu stehen, ist Basis harmonischen Miteinanders. Gerade dann, wenn Kinder gerne „individuelle Wege" gehen, ist es wichtig, Loyalität zu vermitteln.

Machen Sie Ihrem Kind auch vor anderen Menschen spürbar:
Ich bin stolz auf dich!

Beispiele:
Als Max zwei Jahre alt war, besuchten wir die Musikschule. Die Kinder hatten

die Aufgabe, mit Klanghölzern zu spielen. Mein Sohn wollte lieber das Instrument erkunden; er klopfte damit gegen die Wand oder rollte es auf dem Boden. Ich lobe mein Kind für seine Kreativität.

Der fünfjährige Martin bemerkt, dass seine Schwester kalte Hände hat. Er fordert seine Mutter auf dem Spielplatz auf: *Mami, du musst ihr was anziehen.*
Martins Mami lobt ihren Sohn für sein aufmerksames Verhalten.

In der musikalischen Früherziehung dürfen die Kinder nacheinander auf das Xylophon schlagen. Als der dreijährige Sascha an der Reihe ist, fragt er: *Mami, magst auch einmal?* Mama betont: *Toll, dass du an mich denkst!*

Die dreijährige Carina spielt in der Kindergruppe mit einer Playmobil-Figur. Als sie der Spielfigur eine Schere in die Hand drückt, fragt sie ihre Mama: *Tut dem Maxerl das weh?* Mami betont vor den anderen Müttern: *Mir gefällt sehr, dass du an das Maxerl denkst.*

Nach der ersten Kindergartenwoche meines Sohnes betonte ich:
Maxi, ich bin sehr stolz auf dich. Ich finde es ganz toll, wie du im Kindergarten zurechtkommst!

Mami spricht nicht achtlos über mich!

Unsere Wonneproppen rauben uns mitunter den letzten Nerv – und wir Mütter sind froh, bei Gleichgesinnten auf Verständnis zu stoßen. Lautstark machen wir unserem Ärger in Gegenwart unserer Kinder Luft – und allzu schnell rutscht uns dabei eine abfällige Bemerkung über unseren kleinen Liebling heraus. Vorsicht! Wir vermitteln unseren Kindern: *Mami ist nicht auf meiner Seite!*
Nehmen Sie einmal Ihr „Getratsche" mit anderen Müttern unter die Lupe!

Äußern Sie sich manchmal unbedacht achtlos über Ihr Kind? Bedenken Sie, dass es die verbalen und die nonverbalen Botschaften versteht!

> Für unsere Gespräche mit anderen Müttern gilt:
> *Versuchen wir, in liebevoller Weise über unsere Söhne/Töchter zu sprechen!*

Beispiel:
Heute haben es Maxi und ich wieder schwer miteinander. Ständig möchte er etwas von mir, ich kann nicht mehr. Hoffentlich geht es uns bald wieder besser.

Mami hört sich meine Meinung an!

Stellen Sie sich vor, Sie holen Ihren Sohn vom Kindergarten ab und die Pädagogin klärt Sie auf: *Ihr Kind hat heute schon wieder gerauft!*
Wie reagieren Sie? Hören Sie schuldbewusst zu? Genieren Sie sich für Ihren Sohn? Schimpfen Sie gleich einmal fest mit?
Vorsicht! Sie vermitteln: *Mami macht sich nicht einmal die Mühe, mich zu verstehen.* Wenden Sie sich sachlich an die Kindergartenpädagogin und stellen Sie klar, dass Sie das Gespräch mit Ihrem Kind suchen werden! Schenken Sie Ihrem Sohn Gehör!

> Bedenken Sie: *Jeder Gewaltakt hat Gründe, die meist auf den ersten Blick nicht erfassbar sind.* Stempeln Sie Ihr Kind niemals zu schnell als Schuldigen ab. Decken Sie auf!

Beispiel:
In der Kindergruppe herrscht reger Aufruhr: Der dreijährige Manuel schlägt Felix. Manuels Mutter nimmt ihren Sohn beiseite und stellt mit strenger Stimme klar: *Das geht nicht.* Dann versucht sie, der Sache auf den Grund zu gehen: *Auch wenn man niemals ein anderes Kind schlagen darf, bin ich sicher, dass du das nicht ohne Grund getan hast. Was war denn los?*

Mami hält, was sie verspricht!

Kennen Sie das: Ihr Kind bittet Sie mitten im hektischen Alltagstreiben, ihm ein Buch vorzulesen. Unbedacht antworten Sie: *Später* – und vergessen darauf. Natürlich ist es nur allzu verständlich, dass kleine Versprechen im Tagesgeschehen „untergehen" – und es gibt auch keinen Grund, sich deshalb mit Selbstvorwürfen zu quälen. Zwar sollten wir Mütter *versuchen*, nichts zu versprechen, was wir nicht auch einzuhalten bereit sind; dabei kommt es allerdings weniger darauf an, dass tatsächlich jedes kleine Versprechen eingehalten wird, als dem Kind zu vermitteln: Ich *bemühe* mich darum, meine Versprechen einzuhalten.

Beispiel:
Julian möchte mit seiner Mama ein Spiel spielen; Mami antwortet: *Später.* Der Bub vergisst darauf, dennoch betont seine Mutter am Abend: *Schatz, wir wollten doch noch miteinander spielen. Komm, das machen wir jetzt noch, bevor wir schlafen gehen.*
Julians Mami macht spürbar: *Ich versuche, meine Versprechen zu halten!*

Regel 4:
Wappnen Sie Ihr Kind für seinen Alltag!

Neigen Sie dazu, Ihrem Kind alles aus der Hand nehmen zu wollen? Regeln Sie jede noch so kleine Angelegenheit für Ihren Sohn oder Ihre Tochter? Natürlich ist es wichtig, dem Kind in entscheidenden Momenten beizustehen – vor allem dann, wenn es sich selbst nicht helfen kann und voller Vertrauen in seine Mami Hilfe erwartet und braucht.

Beispiele:
Der dreijährige Sebastian beginnt mit dem Kindergarten. Die Kindergartenpädagogin wünscht, dass der Bub vom ersten Tag an allein im Kindergarten bleibt. Sebastian weint. Seine Mutter sucht das Gespräch mit der Pädagogin und vermittelt die Bedürfnisse Ihres Sohnes.

Der siebenjährige Sebastian wird lieblos vom Kinderarzt behandelt. Mami nimmt ihr Kind bei der Hand und verlässt mit ihm die Ordination.

Meist haben Mädchen und Buben selbst ausreichend Ressourcen zur Lösung schwieriger Situationen – und brauchen nur unsere Ermutigung im Rücken. Hier ist wichtig, sich als Mutter zurückzustellen und Hilfe zur Selbsthilfe zu leisten. Sprechen Sie mit Ihrem Kind, fragen Sie nach, wie es ihm mit der Problemsituation geht! Regen Sie an, selbst unterschiedliche Lösungsmöglichkeiten zu finden! Eine gefundene Lösung ist dann gut, wenn sich Ihr Kind (und nicht Sie!) damit wohlfühlt!

Denken Sie langfristig! Ihr Kind hat nichts davon, wenn Sie jeden Konflikt lösen und es sich das nächste Mal wieder nicht selbst helfen kann.

Erziehungsregeln

Beispiele:

Der dreijährige Max erzählt seiner Mama, dass die größeren Kinder im Kindergarten mit Spielzeugpistolen herumschießen. Die Mutter des Buben regt ihr Kind an, darüber nachzudenken, welche Reaktionsmöglichkeiten es hat.

Die vierjährige Isabella berichtet ihrer Mutter auf dem Spielplatz: *Mami, der Bub hat mir die Schaufel weggenommen.* Mami schlägt vor: *Wenn dich das ärgert, solltest du überlegen, was du tun könntest, damit du die Schaufel zurückbekommst.* Mutter und Tochter spielen unterschiedliche Lösungsansätze durch; Isabella entscheidet sich schließlich dafür, in der Zwischenzeit schaukeln zu gehen.

Der achtjährige Kevin erzählt seiner Mami: *Die Frau Lehrerin hat gesagt, dass ich endlich ruhig sein soll, aber ich hab gar nicht getratscht.*
Mami: *O. k., das ist nicht fair. Wie ist es dir damit gegangen?*
Kevin: *Ich hab mich geärgert.*
Mami: *Das verstehe ich. Was könntest du tun, damit es dir besser geht?*
Kevin: *Nichts.*
Mami: *Nein, das stimmt nicht. Du könntest zum Beispiel zur Frau Lehrerin gehen und mit ihr sprechen. Was könntest du ihr sagen?*
Kevin: *Dass ich gar nicht getratscht hab. Aber sie glaubt mir sowieso nicht.*
Mami: *Das kann natürlich sein, aber das weißt du jetzt noch nicht. Und vielleicht ist das gar nicht so entscheidend. Es ist bloß wichtig, dass du sagst, wenn dich etwas sehr ärgert. Ich denke, das genügt schon, damit es dir besser geht. Kannst du dir das vorstellen?*
Kevin: *Schon. Ich probier's mal aus.*

Regel 5:
Begleiten Sie Ihr Kind zur Stille!

Wie geht es Ihnen, wenn Ihnen Ihre Tochter erzählt: *Ich habe heute im Kindergarten allein gespielt.* Was fühlen Sie, wenn Ihr Sohn lieber einsam durch den Wald streift, als mit anderen Kindern Fangen zu spielen? Sind Sie verletzt, ärgern Sie sich, versuchen Sie, Ihr Kind zum Miteinander zu bewegen? Stopp! Sie sollten sich lieber darüber freuen, dass Ihr Sohn/Ihre Tochter den rechten Ausgleich zwischen „Aktiv-Sein" und „zur Ruhe kommen" alleine schafft. In unserer „reizüberfluteten" Zeit müssen die meisten Kinder erst gezielt üben, ohne *Action* zufrieden zu sein – und lernen, zur Ruhe zu kommen.

> Kinder brauchen einen guten Ausgleich zwischen Ruhe und Aktivität, um ihr inneres Gleichgewicht zu finden, und zu erhalten. Lernen Sie gemeinsam mit Ihrem Kind die Stille schätzen! Setzen Sie auf freie, unverplante Zeit! Halten Sie Schweigen aus, lassen Sie Ruhe zu!

Was kann ich tun?
- Beginnen Sie bei sich selbst, fragen Sie sich: Wie gehe ich persönlich mit Ruhe um? Halte ich Stille aus? Unsere Fähigkeit, Zeiten des Schweigens auszuhalten, ist der Nährboden, auf dem es gelingen kann, Kinder zur Ruhe zu führen.
- Sind Sie ständig auf Achse? Vielleicht aus Angst, etwas zu versäumen? Drehen Sie den Spieß um und machen Sie sich bewusst, dass sich die allerschönsten Erlebnisse im Alltag verstecken. Entscheiden Sie sich einmal bewusst gegen den Indoor-Spielplatz und für das Kochen oder Blumengießen mit Ihrem Kind!

Erziehungsregeln

> Die Geringschätzung der Stille und des zufriedenen Alleinseins ist ein Zeichen unserer lauten, schnelllebigen Zeit. Machen Sie sich bewusst: Es ist wichtig für mein Kind, im Alleinsein zufrieden und glücklich zu sein!

- Verzichten Sie im Alltag möglichst oft auf Fernseher oder Radio (auch beim Autofahren!).
- Spielen Sie mit Ihren Kindern ein Spiel, bei dem es darauf ankommt, gut zuzuhören (Geräusche erraten, einen versteckten Wecker finden ...).
- Genießen Sie mit Ihrem Kind die gerade herrschende Ruhe? Sprechen Sie darüber, machen Sie die Erfahrung bewusst.
(Ich finde es angenehm, wenn es so still ist.)
- Sprechen Sie im Alltag möglichst oft in leisem, liebevollem Ton.
- Versuchen Sie immer wieder selbst zur Ruhe zu kommen. Setzen Sie sich an einen Ort, an dem Sie sich wohlfühlen!
- Verbringen Sie mit Ihrem Kind/Ihren Kindern einen ganzen Tag zu Hause. Kochen Sie, spielen Sie, sprechen Sie miteinander!
- Gehen Sie mit dem Kind in die Natur, hören Sie den Wald-Geräuschen zu.

Wann muss ich mein Kind zur Ruhe führen?
- Schaffen Sie zu Hause ein ruhiges Umfeld, wenn Ihr Kind in Schule oder Kindergarten eine ereignisreiche Zeit durchlebt.
- Führen Sie Ihren Sohn/Ihre Tochter gezielt zur Ruhe, wenn er/sie überdreht und aufgekratzt ist oder Ihnen nur schwer zuhören kann.
- Sorgen Sie nach einem besonders turbulenten Ereignis (Faschingsfest ...) für einen ruhigen Ausgleich!

Beispiele:
Abends hüpft Rebecca ausgelassen auf dem Elternbett herum. Mama liest dem Mädchen eine Geschichte vor.

Bei der Kindergeburtstagsfeier schreien die Mädchen und Buben wild durcheinander. Mama spielt den Kindern unterschiedliche Alltags-Geräusche (Fenster öffnen, Wasserhahn aufdrehen …) vor – die Kinder versuchen, diese zu erraten.

Regel 6:
Erlauben Sie Ihrem Kind, sich seiner selbst bewusst zu werden!

Wir alle wollen selbstbewusste Kinder – und dann ist uns doch peinlich, wenn unser Sohn oder unsere Tochter klar sagt, was er/sie möchte oder nicht möchte. Rasch wischen wir über selbstbewusste Äußerungen unserer Kinder hinweg und hoffen, dass sie nicht gehört wurden.

Mut wird eben mitunter immer noch mit Ungezogenheit verwechselt. Allzu schnell wird vergessen, dass es unschätzbaren Wert hat, die eigenen Bedürfnisse klar und deutlich äußern zu können.

Wir Mütter können nicht früh genug damit beginnen, unsere Kinder zur aggressionsfreien Artikulation der eigenen Wünsche zu begleiten. Während es dabei bei ängstlichen Mädchen und Buben darum geht, überzeugtes Auftreten zu üben, liegt in der Förderung extrovertierter Kinder der Schwerpunkt auf der Begleitung zu sachlicher, aggressionsfreier Bedürfnisäußerung.

> Kinder *müssen* lernen, ihre Wünsche und Bedürfnisse klar und ohne Aggression zum Ausdruck zu bringen. Üben Sie mit Ihrem Kind!

Beispiel:
In der Musikschule geben die Kinder verschiedene Instrumente im Kreis herum – jedes Kind probiert sie aus. Als Rico die Trommel bekommt, betont er: *Das Instrument mag ich nicht.*
Seine Mutter antwortet: *Gut, dann warten wir auf das nächste.*

Mein Kind ist ängstlich. Wie kann ich es fördern?
- Fragen Sie Ihr Kind immer wieder bei passender Gelegenheit: *Möchtest du das? Ist das in Ordnung für dich?*
- Regen Sie Ihren Sohn oder Ihre Tochter zu Äußerungen wie: *Ich möchte …; das möchte ich nicht*, an.
- Loben Sie Ihr Kind, wenn es deutlich seine Wünsche artikuliert. *(Ich finde toll, dass du mir sagst, was du magst und was du nicht magst.)*
- Wenn es Probleme mit anderen Kindern gibt: Spielen Sie mit Ihrem Sohn oder Ihrer Tochter verschiedene Lösungsansätze durch. *(Wie könntest du reagieren, wenn dir ein anderes Kind etwas wegnimmt?)* Dabei gilt: Nehmen Sie Ihrem Kind im Gespräch nicht zu viel aus der Hand! Begleiten Sie Ihr Kind bei seinem kreativen Gedankenspiel mit unterschiedlichen Lösungsstrategien!

Selbst gefundene Lösungsansätze „wirken" immer besser als Mamis Rezepte. Regen Sie Ihr Kind zu Gedankenexperimenten an!

- Tragen Sie den klar artikulierten Wünschen Ihres Kindes so weit wie möglich Rechnung.

Beispiele:
Der vierjährige Sebastian sagt zu seiner Mami: *Ich mag allein sein.*
Mami respektiert den Wunsch ihres Sohnes und verlässt den Raum.

Während die meisten Kinder im Tiergarten möglichst nahe an die Elefanten herankommen möchten, betont Anika: *Ich möchte gehen.* Die Mutter verlässt mit dem Mädchen das Elefantenhaus.

Erziehungsregeln

Mein Kind neigt dazu, laut und aggressiv seine Wünsche kundzutun. Was kann ich tun?

- Fordern Sie Ihren Sohn oder Ihre Tochter auf, seinen/ihren Wunsch in Ruhe zu wiederholen. *(Versuche, das ruhig zu sagen. Du wirst sehen, dass du dann viel schneller an dein Ziel kommst.)*
- Sensibilisieren Sie sich für kleine Erfolge – und loben Sie Ihr Kind, sobald es sachlich seine Wünsche artikuliert.
- Versuchen Sie im Sinne Ihrer *mütterlichen Vorbildwirkung*, selbst ruhig mit Ihrem Kind zu sprechen.

Regel 7:
Sensibilisieren Sie sich für die Bedürftigkeit Ihres Kindes!

In schwierigen Situationen fehlt Kindern häufig der Zugang zu den eigenen Bedürfnissen. Sie wissen oft einfach nicht, was ihnen guttut. Haben Sie beispielsweise schon einmal versucht, Ihr Kind auf den Schoß zu ziehen, wenn es gerade so richtig ausgerastet ist? Obwohl Mamis Liebe jetzt genau das Richtige wäre, fällt es vielen Kindern in diesem Moment schwer, Zuneigung anzunehmen. In gleicher Weise finden „aufgekratzte", überdrehte Mädchen und Buben nur schwer Ruhe – auch wenn gerade sie Stille am meisten brauchten.
Kinder müssen ihre Bedürfnisse erst kennen lernen, immer wieder in Berührung kommen mit dem, was ihnen guttut.

Es ist unsere Aufgabe, unseren Kindern immer wieder ihre Bedürfnisse erlebbar zu machen.

Wie kann ich meinem Kind seine Bedürftigkeit erlebbar machen?

- Öffnen Sie sich für Bedürfnis-Äußerungen Ihres Kindes wie: *Mami, ich mag auf deinen Schoß! Mami, kannst du mir die Haare bürsten? Mami, setzt du dich mit mir in mein Zelt? Mami, darf ich mich mit dir ins Bett legen?* Handeln Sie danach! Ihr Kind braucht jetzt Ihre Nähe – je mehr Sie seinem Wunsch nachkommen, desto mehr stärken Sie den Zugang Ihres Kindes zu seiner eigenen Bedürftigkeit.
- Erleben Sie Ihr Kind oft aufgekratzt und überdreht? Versuchen Sie, es mit leiser Stimme zur Ruhe zu führen, indem Sie beispielsweise eine Geschichte vorlesen.

Erziehungsregeln

- Spüren Sie, dass Ihr Kind die gerade herrschende Ruhe und Geborgenheit genießt? Machen Sie bewusst: *Es ist angenehm, still zu werden.*

Setzen Sie auf „Auszeit aus dem Alltag"! Schaffen Sie Ihrem Kind ein geborgenes, ruhiges Umfeld – und machen Sie bewusst: *Ruhe und Berührung tun mir gut.*

Regel 8:
Entlasten Sie Ihr Kind!

Stellen Sie sich vor, Ihr Sohn hat seinem Freund das Spielzeug weggenommen und bringt es nach Hause. Mit gesenktem Blick gesteht Ihr Kind sein Vergehen. Natürlich sind wir versucht, den Buben zu schelten. Doch Vorsicht: Das Kind weiß und fühlt bereits, dass es etwas Falsches getan hat – und es ist nicht nötig, *Salz in offene Wunden zu streuen.*
Hier gilt: Nehmen wir uns zurück und schenken wir Raum zu innerer Bewegung, zur selbständigen Auseinandersetzung mit dem Fehler. Entlasten wir!

> Entlasten Sie Ihr Kind, wenn es sich schuldig fühlt und Sie vermitteln wollen: *Mach dir nichts draus, nächstes Mal schaffst du es bestimmt besser!*

Wie kann ich mein Kind entlasten?
Irren ist menschlich – jeder macht Fehler!
Führen Sie Ihrem Kind vor Augen: *Auch anderen geht es wie dir – alle Menschen machen Fehler.* Die Generalisierung der Thematik nimmt Druck – und schafft Raum für „Umkehr".

Beispiel:
A. zeigt wiederholt aggressives Verhalten. Nach einem Zwischenfall in der Schule und einer Standpauke durch den Lehrer spricht Mami mit ihrem schuldbewussten Sohn: *Jeder von uns wird manchmal wütend. Manche werfen Dinge vom Tisch, andere boxen und wieder andere schimpfen. Wichtig ist, dass wir gute Wege finden, mit unserer Wut umzugehen.*

Auch Mami ist das schon passiert …
Erwähnen Sie im Gespräch eigene Vergehen! Vermitteln Sie: *Auch ich habe diesen Fehler schon gemacht.*

Erziehungsregeln

Indem Sie die Menschlichkeit persönlicher Irrtümer sowie die Bedeutung der Reflexion vorleben, schenken Sie Ihrem Kind die Chance, das eigene Verhalten kritisch zu betrachten.

Beispiel:

Der vierjährige Bastian hat seiner kleinen Schwester wieder einmal ihr Spielzeug entrissen. Anika weint und ihr Bruder blickt schuldbewusst zu Boden. Mami spricht mit ihrem Sohn: *Ich merke, dass du spürst, dass das nicht richtig war. Weißt du, auch mir ist das schon oft passiert, dass ich zu jemandem lieblos war. Wichtig ist, dass wir uns beim nächsten Mal besser verhalten.*

Regel 9:
Lernen Sie von Ihrem Kind – und werden Sie selbst wieder Kind!

Lassen Sie sich von Ihrer Tochter zeigen, wie man mit Zehen Klavier spielt? Lehrt Ihnen Ihr Sohn, wie man aus Hundeleinen Schranken baut? Sind Sie bereit, von Ihrem Kind anzunehmen, von ihm zu lernen?

Falls ja, haben Sie bereits einen großen Schritt für die geglückte Erziehung getan. Die Führung des Kindes durch seine Mutter auf der einen Seite und seine Möglichkeit, in kleinen Bereichen selbst führen zu dürfen, sind wie zwei Seiten einer Waage: Ihr Kind wird sich umso leichter Ihrer Führung anvertrauen, je mehr auch Sie bereit sind, sich in geschützten Bereichen von Ihrem Kind führen zu lassen.

Sorgen Sie für Ausgleich in der Beziehung zu Ihrem Kind und überlassen Sie ihm mitunter die Führungsrolle! Vermitteln Sie: *Ich lerne gerne von dir!*

Was kann ich tun?
- Öffnen Sie sich für das, was Ihnen Ihr Kind beibringen möchte, wenn es selbst klar ausspricht: *Ich zeig dir was, Mama.* Wenden Sie sich voll und ganz Ihrem Sohn oder Ihrer Tochter zu!
- Beobachten Sie das Kind bei seinen „Versuchen" und Experimenten – und bekunden Sie Interesse!
- Schrecken Sie nicht davor zurück, sich auch von „Kindereien" anstecken zu lassen! Springen Sie gemeinsam auf dem Bett, probieren Sie auf dem Spielplatz die Rutsche aus, verkriechen Sie sich mit Ihren Kindern – und werden Sie selbst wieder Kind!

Erziehungsregeln

Beispiele:

Joachim zeigt mir in der Musikschule, wie man mit den Klangstäben experimentieren kann. Ich frage: *Darf ich auch einmal?*

Mein dreijähriger Sohn Maxi und ich machen häufig *Blödsinn* während des Essens. Zum Beispiel lieben wir es, mit dem Strohhalm in den halbvollen Saftkrug hineinzublasen. Nach einigen Minuten betone ich: *Maxi, jetzt haben wir viel Blödsinn gemacht. Komm, jetzt essen wir ordentlich weiter.*

Regel 10:
Setzen Sie auf Momente der Begegnung!

Haben Sie schon einmal mit Ihrem Kind eine kleine Pflanze eingesetzt? Pflegen Sie manchmal gemeinsam das Fell Ihres Haustieres? Malen Sie mitunter mit Ihrem Sohn ein Bild – und versinken gemeinsam im kreativen Tun? Erziehung braucht solche Momente der Begegnung zwischen Mutter und Kind – die meist durch die Schnelllebigkeit unserer Zeit im Keim erstickt werden. Wir glauben, unseren Söhnen und Töchtern durch turbulente Treffen mit anderen laute Erlebnisse zukommen lassen zu müssen – und vergessen darauf, dass Weniger oft Mehr ist.

> Schaffen wir Raum, um unseren Kindern von Mensch zu Mensch zu begegnen!

Was kann ich tun?
- Planen Sie gezielt „kleine, aber feine" Mutter-Kind-Aktivitäten ein! Fehlen Ihnen die Ideen? Blicken Sie um sich und wählen Sie das Einfache und Naheliegende (zum Beispiel gemeinsam einen heißen Kakao kochen, ein Bild malen …)
- Gehen Sie mit Ihrem Kind in die Natur! Tauchen Sie in „Wald-Geräusche" ein, genießen Sie die Stille!
- Malen Sie, basteln Sie, arbeiten Sie mit Ton! Im kreativen Tun kommen Sie miteinander zur Ruhe!
- Spielen Sie mit Ihrem Kind ein ruhiges Spiel – und verzichten Sie auf Hintergrundgeräusche!
- Schaffen Sie im Vorlesen ein Miteinander!
  Feste Vorlesezeiten sorgen dafür, dass in der Alltagshektik nicht auf ruhige Momente vergessen wird.

Aus der pädagogischen Trickkiste

Große Tricks für kleine Sturköpfe:
Wie bringe ich mein Kind dazu, dass es folgt?

Mädchen und Buben jeder Altersgruppe möchten mitunter ihre Stärke unter Beweis stellen. Egal, was wir sagen, das Kind schaltet auf Durchzug, und es ist ein „pädagogischer Kunstgriff", es zum Folgen zu bewegen.

Wodurch werden Verbote annehmbar? Wie können wir Mütter unseren Kindern sagen, was sie zu tun haben – und möglichst so, dass die Forderungen auch befolgt werden?

Ich sag dir wie! statt *Lass das sein!*

Stellen Sie sich vor, Ihr Dreijähriger schlägt im Restaurant wiederholt seinen leeren Teller auf den Tisch. Wie reagieren Sie? Ermahnen Sie mit strenger Stimme? Vorsicht! So wichtig es auch ist, das Verhalten des Kindes zu lenken, so sehr bewirken Verbote mitunter das Gegenteil! Vor allem in der Öffentlichkeit besteht die Gefahr, dass sich das Kind bloßgestellt fühlt – es möchte sein „Gesicht wahren" und schaltet auf stur.
Schlagen Sie stattdessen vor: *Schatz, versuch mal, ob du das auch so leise machen kannst, dass ich gar nichts davon höre.*

> Sagen Sie nicht sofort *Nein!* Schlagen Sie Ihrem Kind lieber eine Alternative vor!

Beispiele:
Der dreijährige Max legt sich mit ganzem Gewicht auf den Wasserball. Mami fordert ihn auf: *Versuche mal, dein Bein auf den Ball zu legen. Weißt du, wenn du dich ganz daraufliegst, kann der Ball zerplatzen!*

Wenn die Kinder meiner Freundin Martina unvorsichtig losstürmen, fordert sie sie auf: *Versucht, langsam zu laufen.*

Die sechs Monate alte Anika liegt in ihrem Bett und ihr vierjähriger Bruder springt wild darauf herum. Mama betont: *Ich verstehe, dass du das toll findest. Versuche mal, nur auf dieser Seite des Bettes zu springen, damit du Anika nicht wehtust.*

Tobias, der Sohn meiner Freundin Michaela, möchte vom Balkon auf die Straße schauen. Der Bub holt einen Sessel und klettert hinauf.
Mama bringt ihrem Sohn einen niederen Hocker und schlägt vor: *Schau, auf das Stockerl darfst du dich stellen, das ist nicht gefährlich. Den Sessel tragen wir zurück in die Wohnung.*

Maxi stößt beim Spaziergang wiederholt mit dem Fuß gegen den Kinderwagen seiner Schwester. Papa lenkt die Aktivität seines Sohnes mit den Worten *Überlegen wir, wo du mit dem Fuß hintreten darfst* in eine gute Richtung. Daraufhin schlägt Maxi mit dem Fuß vorsichtig gegen einen Stein.

Setzen Sie auf Wahl statt Qual!

Ihr Kind möchte nicht zu Bett? Lassen Sie es wählen, *auf welche Weise* es zu Bett gebracht werden möchte! Von Mami, von Papi oder von beiden?
Mit einer Gute-Nacht-Geschichte oder einem Lied?

> Kinder wollen Verantwortung tragen. Sie tun sich leichter damit, Entscheidungen zu fällen, als einfach nur zu folgen. Überlegen Sie: Welche Alternativen kann ich meinem Kind in „heiklen" Bereichen bieten?

Beispiel:
Papa fragt Anika in der Früh: *Wer soll dich heute in den Kindergarten bringen?*

Trickkiste

Komm, ich mach's mit dir!

Kinder möchten experimentieren – mit der großen Gartenschere schneiden, mit dem Schlauch spritzen, das gefährliche Messer benutzen.
Versuchen Sie, Ihrem Kind den Umgang mit derartigen Geräten nicht generell zu verbieten – nehmen Sie sich stattdessen Zeit für gemeinsame Versuche!
Je mehr Unterstützung Sie hier bieten, desto eher wird das Kind Verbote in anderen Bereichen annehmen können.

Beispiel:
Marvin möchte Kuchen essen. Mami hilft ihrem Sohn dabei, mit dem Messer ein Stück abzuschneiden.

Wenden Sie sich ab!

Kennen Sie das: Sie stehen neben Ihrem Kind und fordern es immer wieder auf, nun endlich das Zimmer zusammenzuräumen. Gereizt warten Sie auf Ihren Erfolg – der leider ausbleibt. Klar: Das Kind steht „im Eck" und hat das Gefühl, sein Gesicht zu verlieren, wenn es einfach nachgibt.
Hier gilt: Fordern Sie klar, was zu fordern ist – und lassen Sie Ihr Kind allein.

Beispiel:
Papa und der dreijährige Max spielen mit der Rennautobahn. Der Bub wirft einige Autos durch das Zimmer. Der Vater erklärt seinem Sohn, weshalb er das nicht möchte: *Weißt du, es kann sein, dass die Autos kaputt werden oder du mich triffst und mir wehtust.* Mit den Worten: *Hör auf damit!,* verlässt Papa das Zimmer.

Ich verstehe, dass dir das Spaß macht, aber ...

Sie müssen Ihrem Kind etwas verbieten? Vermitteln Sie Verständnis und setzen Sie auf den „kleinen Satz mit großer Wirkung": *Ich verstehe dich!*

Ihr Kind wird das Verbot danach besser annehmen können!

Beispiel:
Maxi steckt im Garten Nägel in die Erde. Mama betont: *Ich verstehe, dass dir das Spaß macht, aber das ist gefährlich. Sieh mal, wenn du stolperst, kann es passieren, dass du auf den Nagel fällst, und dir wehtust. Komm, wir holen ein Brett und einen Hammer und schlagen gemeinsam einen Nagel ein!*

Halb gesiegt ist auch gewonnen!

Verunsicherten Kindern fällt es oft schwer, Mami einfach siegen zu lassen. Sie wollen vor sich selbst bestehen – und brauchen unsere Hilfe dabei, das Nachgeben zu schaffen.
Hier ist hilfreich, sich mit einem „Halb-Sieg" zufriedenzugeben. Akzeptieren Sie den Kompromissvorschlag Ihres Kindes!

Beispiele:
Manuel schlägt mit der Faust auf den Tisch. Seine Mutter bittet ihn, dies zu unterlassen. Daraufhin schlägt der Bub nur mehr leicht auf den Tisch.

Saskia wirft Essen vom Tisch. Nach dem klaren „Nein" der Mutter wirft das Mädchen ein letztes Mal ein Stück Kartoffel auf den Boden, ehe es folgt.

Komm, ich zeige dir den Weg!

Welche Mutter kennt das nicht: Im Kinderzimmer herrscht das Chaos. Und wir versuchen bereits zum wiederholten Mal, unseren kleinen Schatz zum Zusammenräumen zu bewegen. Erst unsere Bereitschaft zum Miteinander (*Komm, wir räumen gemeinsam auf*) führt zum Erfolg.

Trickkiste

> Unfolgsame Kinder brauchen unsere Begleitung – und nehmen meist dankbar an, wenn wir Mütter das geforderte Verhalten vorleben.

Tolle Tricks für tobende Kids

Stellen Sie sich vor, Ihr Sohn möchte Ihnen im Geschäft vorschreiben, was Sie zu kaufen haben. Sie sagen: *Nein*. Ihr Kind tobt und zieht alle Register. Das Problem ist: Je mehr wir Mütter in solchen Situationen versuchen, uns durchzusetzen, desto mehr zwingen wir unsere Kinder dazu, auf ihrem Standpunkt zu beharren. Mitunter haben die Mädchen und Buben eben das Gefühl, ihr Gesicht zu verlieren, wenn sie einfach nachgeben.

Wie können wir unsere Kinder in solchen Situationen auf den richtigen Weg begleiten?

Ihr Kind tobt? Lenken Sie ab!

Bleiben Sie selbst gedanklich nicht an der momentanen Streitsituation haften! Lenken Sie Ihr Kind ab – und versuchen Sie, seine Aufmerksamkeit vom aktuellen Konflikt weg auf ein für das Kind interessantes Thema zu lenken!

Beispiel:
Der dreijährige Samuel möchte ein Stück Schokolade – Papa sagt: *Nein*.
Als Schimpfen und Schreien nichts nützt, wirft sich das Kind auf den Boden.
Papa lenkt ab: *Ich wollte jetzt gerade die Autoreifen wechseln gehen. Wenn du Lust hast, kannst du ja mitkommen!*

Sie kommen nicht an Ihr Kind heran?
Sprechen Sie nicht zu Ihrem Kind, sondern über Ihr Kind!

Wir Mütter versuchen mitunter, durch eindringliches Auf-das-Kind-Einreden unsere Mädchen und Buben zum Folgen zu bewegen. Oft leider ohne Erfolg – das Kind schaltet auf stur.

Trickkiste

Ein simpler Trick für Situationen, in denen wir überhaupt nicht mehr an unser Kind herankommen: Sprechen Sie in Gegenwart Ihres Kindes *in liebevoller Weise* zu einer zweiten Person – eventuell auch am Telefon – über den Vorfall! Verbergen Sie nicht eigene Unsicherheiten und betonen Sie Ihren Wunsch, Ihrem Sohn/Ihrer Tochter helfen zu können!

Beispiel:

Anika tobt, weil sie nicht fernsehen darf. Die Mutter des Mädchens ruft Papa an und erzählt: *Unsere Maus tut mir leid. Sie hat es schwer mit sich und ich kann ihr nicht helfen. Ich hoffe, es geht uns bald wieder besser miteinander.*

Drei Tricks für kleine Angsthäschen

Erinnern Sie Ihr Kind an ein Erfolgserlebnis!

Fehlt es Ihrem Sohn oder Ihrer Tochter häufig an Mut?
Traut sich Ihr Kind trotz Ihrer Unterstützung nicht an eine Aufgabe heran?
Ermutigen Sie es vor oder in der konkreten Situation, indem Sie Ihr Kind an ein Erfolgserlebnis der letzten Zeit erinnern!

Beispiele:
Barbara möchte von der großen Rutsche rutschen – und traut sich im letzten Moment doch nicht. Mami lobt das Kind für den davor geglückten Purzelbaum.

In der Kindergruppe werden die Mädchen und Buben zusammengerufen. Maxi bleibt zögernd in sicherer Entfernung stehen. Seine Mami flüstert ihm zu: *Toll, wie du gerade zuerst gemalt hast. Geh jetzt ruhig zu den anderen Kindern!*

Machen Sie Ihr Kind zum Ermutiger!

Hat Ihre Tochter große Angst vor der Dunkelheit? Geben Sie ihr oft die Möglichkeit, ihrer ängstlichen Schwester, ihrer Puppe oder ihrem Hund Mut zuzusprechen!

> Kinder gewinnen Mut, wenn sie selbst ermutigen. Schenken Sie Ihrem Sohn oder Ihrer Tochter gezielt Mut-Mach-Möglichkeiten!

Beispiel:
Marius fürchtet sich vor der Schule. Mami erzählt ihrem Sohn, dass Teddy große Angst vor fremden Kindern hat. Auf dem Weg zur Schule spricht der Bub seinem Bären Mut zu – und kann daraus für sich selbst Mut gewinnen.

Ermutigen Sie Ihr Kind in ähnlichen Bereichen!

Zeigt sich Ihr Kind innerhalb eines bestimmten Bereiches besonders entmutigt? Betonen Sie seine Stärken in einem anderen, ähnlichen Bereich!

Beispiel:

Miriam zeigt große Redescheu vor anderen Kindern. Das Mädchen spricht meist leise und unverständlich. Auffallend ist die gesangliche Stärke des Kindes. In der Musikschule singt das Kind mit lauter Stimme.
Über die besondere musische Förderung gelingt es, Miriam zu sprachlichen Leistungen in der Gruppe zu ermutigen.

Glücks-Tipps für die Mamis

Das kleine Einmaleins für Ihren Energiehaushalt!

Mein Erstgeborener Maxi musste seine ersten Monate mit einer ständig erschöpften Mutter verbringen. Dauernd hatte ich das Gefühl, „am Limit" zu sein. Erstaunt stellte ich fest, dass ich nach der Geburt meiner Tochter Anika wesentlich mehr Kraft hatte, obwohl ich nun nicht nur ein Baby, sondern auch einen Buben im festen Trotzalter um mich hatte.
Ich hatte gelernt, mit meinen Energien richtig „hauszuhalten".

Fangen Sie jetzt damit an, auf sich zu achten – lieben Sie Ihre Kinder wie sich selbst!

Schaffen Sie sich Ruhe – Inseln!

Im Alltag bleibt uns Mamis kaum Zeit, zur Ruhe zu kommen und zu entspannen. Besonders Mehrfachmütter müssen mit ständig hohem Lärmpegel und Schreckmomenten zurechtkommen. Dazu kommt die körperliche Belastung: Kinder wollen getragen sein.

Überlegen Sie:
In welchen Momenten hätte ich Gelegenheit, zur Ruhe zu kommen? Nutzen Sie die Zeit, um Energie zu tanken, und sich kurz zu entspannen!

Beispiel:
Ich genieße die Ruhe, wenn
- wir im Auto fahren, der „Große" aus dem Fenster blickt und meine vier Monate alte Tochter schläft. Ich schalte das Radio ab und genieße die Stille.

- der Große seinen Mittagsschlaf hält und ich die Kleine stille.
- die Kinder friedlich miteinander spielen.

Tipp: Unterbrechen Sie niemals die Aktivität Ihrer Kinder, wenn sie gerade zufrieden sind! Nutzen Sie lieber die Zeit, um durchzuatmen!

Schenken Sie sich Raum – setzen Sie Rahmen!

Mitunter fehlt uns Müttern einfach die Geduld, auf jede Warum-Frage unserer Kleinen zu antworten. Kein Grund für schlechtes Gewissen! Es ist völlig in Ordnung, eine *gedankliche Auszeit* zu nehmen – solange wir uns respektvoll verhalten. Stellen Sie Ihrem Kind gegenüber klar: *Du, ich bin müde und möchte jetzt nicht auf deine Fragen antworten.* Bemühen Sie sich um einen sachlichen – und nicht aggressiven – Ton in der Stimme.

Leben Sie das Entweder-oder-Prinzip

Kennen Sie das: Sie telefonieren und versuchen gleichzeitig, Ihr Kind zu beruhigen. Ja? Wir Mütter sind eben Meisterinnen darin, mehrere Dinge gleichzeitig zu tun.
Doch Vorsicht! Wir *verpulvern* wertvolle Energien, die wir für unsere Kinder brauchen!

Entscheiden Sie sich beispielsweise klar für
- Telefonieren *oder* mit dem Kind spielen
- Kind füttern *oder* Radio hören
- mit dem Kind spielen *oder* mit der Freundin tratschen
- Fernsehen *oder* mit dem Kind spielen

Wichtig: Stellen Sie sooft wie möglich das Handy ab, wenn Sie mit Ihrem Kind unterwegs sind! Richten Sie sich feste Telefonzeiten ein!

Überprüfen Sie Ihren Bekanntenkreis!

Sie besuchen gerne Treffen mit anderen Müttern? Klar – sie machen ja auch Spaß. Doch Vorsicht! Manche Eltern-Kind-Cafés sind richtige Energiefallen; sie rauben uns Kraft, die wir für unsere Kleinen brauchen! Häufig sind nämlich die Buben und Mädchen damit beschäftigt, einander gegenseitig ihre soeben ergatterten Spielsachen zu entreißen – was uns Mütter ziemlich stresst! Besuchen Sie solche Treffen nur dann, wenn der Kreis der Mütter mit Kindern nicht zu groß ist! Als Faustregel gilt: Bis zu 7 Kinder ist akzeptabel (sofern der Raum entsprechend groß ist), unter 5 Kinder ist gut!

> Spüren Sie, wie es Ihnen nach Treffen mit anderen geht! Zusammenkünfte, nach denen Sie sich schlapp und kraftlos fühlen, sollten Sie überdenken!

Beispiel:
Katrin und ihre Freundin treffen einander einmal wöchentlich mit ihren zweijährigen Kindern. Da Leonie häufig andere beißt, muss Katrin gut auf ihren Sohn aufpassen. Am Ende des Nachmittags sind die Freundinnen froh, wenn das Miteinander ohne groben Zwischenfall zu Ende geht.
Diese Treffen bringen nichts, weder für die Kinder noch für die Eltern. Hier gilt es, nach Alternativen zu suchen. (Vielleicht könnten die Mütter einmal allein ohne Kinder einen Kaffee trinken?)

> Im Zweifelsfall gilt: Zu Hause zu bleiben und mit dem eigenen Kind zu spielen ist die bessere Zeitinvestition!

Grenzen Sie sich von Ihrem Kind ab!

Kennen Sie das: Ein anderes Kind entreißt Ihrem Sohn oder Ihrer Tochter sein/ihr Spielzeug und Sie fühlen sich verletzt. Oder Sie sind traurig, weil sich der Kindergartenfreund von Ihrem kleinen Liebling abgewendet hat.

Glücks-Tipps

Bedenken Sie:
Wenn Ihr Kind von anderen lieblos behandelt wird, hat das zunächst nichts mit Ihnen zu tun. Gerade dann, wenn Ihr Sohn/Ihre Tochter gut mit der Situation zurechtkommt, ist es Ihre Pflicht, dass auch Sie sich nicht angegriffen fühlen. *Versuchen Sie, sich abzugrenzen!* Ihr Kind ist nicht schutzbedürftig, weil es diese Situation durchlebt hat, sondern höchstens dann, wenn Sie Mitleid haben! Seien Sie dankbar für die Lernchance Ihres Kindes – und regen Sie es zur Auseinandersetzung mit unterschiedlichen Lösungsmöglichkeiten der geschilderten Situation an!

Überprüfen Sie Ihre Gefühle, wenn Ihnen Ihr Kind von Lieblosigkeiten anderer erzählt! Klären Sie: Ist es ein Problem für mich oder für meinen Sohn/meine Tochter? Gute Mamis versuchen, Ihre eigenen Probleme mit sich selbst zu lösen – und nicht mit ihrem Kind!

Beispiele:
Ich war traurig, als Nick meinem Sohn in der Kindergruppe wiederholt das Spielzeug entrissen hatte. Fast hätte ich den Fehler begangen, die Kindergruppe nicht mehr zu besuchen, und dadurch meinen Max und mich um viele schöne Nachmittage gebracht.

Ferdinand erzählt: *Mami, Ben sagt im Kindergarten immer zu mir: Geh weg!*
Mami fragt: *Wie geht es dir damit? Ärgert dich das?*
Ferdinand: *Nein, es ist mir egal.*
Mami: *O. k. Sag mir einfach, wenn du mit mir sprechen möchtest. Dann überlegen wir, wie du damit umgehen kannst!*

Lernen sie, Hilfe anzunehmen

Lassen Sie sich unter die Arme greifen, wenn die Schwiegermutter im Haus ist oder Ihnen Ihre Freundin anbietet, auf die Kinder zu schauen?

Können Sie Hilfe annehmen?
Zugeben: Es ist nicht gerade leicht, sich helfen zu lassen: Erstens fühlen wir uns als schlechte Mutter und Hausfrau, wenn uns jemand die Wäsche bügelt oder die Kinder abnimmt. Und zweitens wollen wir natürlich Gott und der Welt unsere Stärke unter Beweis stellen.

Wir verlieren nichts, wenn wir schwach sind und uns helfen lassen. Fangen Sie heute damit an, angebotene Hilfe anzunehmen!

Fünf Minuten für die Freude!

Es gibt einen kleinen Trick, der mir im hektischen Alltag dazu verhilft, zur Ruhe zu kommen: Innehalten und meine Kinder beobachten. Ich versuche, still zu werden, lasse mich gedanklich ganz ein auf das, was meine Kinder beschäftigt, und passe mein eigenes „Denktempo" dem meiner zwei Kleinen an. Ich schaffe den Rahmen, den es mitunter braucht, um das eigene Glück zu spüren.

Gerade für besonders „stressige" Zeiten gilt: Nehmen Sie sich fünf Minuten für die Freude über das Sein Ihres Kindes!
Lenken Sie Ihren Blick bewusst auf das schönste Geschenk Ihres Lebens!

Beispiele und Lösungen

In der wöchentlich stattfindenden Musikstunde dürfen die Dreijährigen mit den Klanghölzern spielen. Maxi steht auf, geht zur Heizung und klappert mit dem Instrument auf den Heizrohren.

Wie reagieren Sie?

1. Lösungsweg
Ich fordere Maxi auf, zurück in die Runde zu kommen und mitzumachen.

2. Lösungsweg
Gar nicht. Ich hoffe, dass Maxi von selbst wieder in die Runde zurückkommt.

3. Lösungsweg
Ich gehe zu Maxi, sehe ihm eine Weile zu und versuche dann,
ihn zurück in die Runde zu führen.

In dieser Situation kommt es darauf an, dem Kind zu vermitteln: *Ich achte deine Ideen – aber es ist auch wichtig, sich in die Gruppe einzubringen.* Wählen Sie Lösungsweg 3! Bekunden Sie dem Kind gegenüber Ihre Achtung vor dessen Einfallsreichtum und führen Sie es danach in die Gruppe zurück: *Toll, deine Ideen! Schlag noch einmal vorsichtig auf die Heizung und komm dann mit mir zurück in die Runde!*

Ihre siebenjährige Tochter Maria wird in der Schule von anderen Mädchen *gemobbt*. Am Nachmittag jedoch ruft wiederholt eines der Kinder bei Ihnen zu Hause an und möchte mit Maria spielen.

Wie reagieren Sie?

1. Lösungsweg
Ich lasse das Mädchen zu uns nach Hause kommen und versuche, mit ihm zu sprechen.

2. Lösungsweg
Ich spreche bei der Lehrerin vor und bitte um ein Gespräch mit den Eltern der Mädchen.

3. Lösungsweg
Ich spreche mit meinem Kind und ermutige es, selbst Lösungsmöglichkeiten zu finden.

Hier gilt: Wir Mütter können derartige Situationen nicht *für* unsere Kinder, sondern nur *mit* ihnen lösen. Konkret bedeutet dies: Lösungsweg 1 und 2 sind gute Lösungsansätze, haben aber ohne gleichzeitige Ermutigung des Mädchens keinen Sinn. Wählen Sie in jedem Fall auch Lösungsweg 3 – stärken Sie den Rücken Ihres Kindes. (*Schatz, wie könntest du reagieren, wenn du wieder sekkiert wirst? Bei welcher Antwort fühlst du dich gut? Was möchtest du am liebsten antworten, wenn du wieder gefragt wirst, ob eines der Mädchen zum Spielen kommen möchte?*) *Wappnen* Sie Ihr Kind für „starke Auftritte"!

Beispiele/Lösungen

Beispiele/Lösungen

Ihr Dreijähriger möchte an einem kühlen Tag mit dem Gartenschlauch die Gießkanne befüllen.

Wie verhalten Sie sich?

1. Lösungsweg
Ich fordere mein Kind auf, dies zu unterlassen. Nötigenfalls gehen wir zurück in die Wohnung.

2. Lösungsweg
Ich sehe darin kein Problem und lasse mein Kind gewähren.

3. Lösungsweg
Ich frage meinen Sohn, warum das jetzt wichtig für ihn ist. Gegebenenfalls helfe ich meinem Kind und sorge dafür, dass es nicht allzu nass wird.

Hier ist wichtig, den Einfallsreichtum des Kindes nicht achtlos im Keim zu ersticken und Respekt vor den Ideen zu bekunden.
Machen Sie spürbar: *Ich interessiere mich für dich und das, was dir wichtig ist!*
– Wählen Sie Lösungsweg 2 oder Lösungsweg 3!

Der zweieinhalbjährige Bastian entreißt der gleichaltrigen Lisa ihr Spielzeug.

Wie reagieren Sie?

1. Lösungsweg
Gar nicht. Die Kinder können und sollen sich das selbst ausmachen.

2. Lösungsweg
Ich nehme Bastian kommentarlos das Spielzeug wieder weg und gebe es Lisa zurück.

3. Lösungsweg
Ich bitte Bastian, das Spielzeug zurückzugeben.

Kinder in Bastians und Lisas Alter brauchen elterliche Unterstützung. Es liegt an uns, die Angelegenheit zu klären – und zu erklären. Dabei ist wichtig, die eigene Vorbildwirkung nicht außer Acht zu lassen. (In Lösungsweg 2 verhält sich die Mutter auch nicht besser als ihr Kind!) Wählen Sie Lösungsweg 3 – und vergessen Sie dabei nicht auf erklärende Worte. *(Bastian, komm, wir geben es ihr zurück. Weißt du, du möchtest ja auch nicht, dass dir etwas weggenommen wird.)*

Beispiele/Lösungen

Ihr fünfjähriger Sohn Tobias sekkiert Sie, dass er noch ein Stück Schokolade möchte. Sie haben bereits *„Nein"* gesagt.

Wie reagieren Sie?

1. Lösungsweg
Ich ignoriere mein Kind.

2. Lösungsweg
Ich gebe ihm ein Stück Schokolade unter der Bedingung, dass dann Ruhe herrscht.

3. Lösungsweg
Ich bleibe konsequent und betone immer wieder, dass es jetzt kein Stück Schokolade gibt.

Hier kommt es darauf an, dem Kind in respekt- und liebevoller Weise zu vermitteln: *Mein Wort hat Geltung.* Mit bloßem Ignorieren wird man in dieser Situation wahrscheinlich nicht weit kommen. Wählen Sie Lösungsweg 3 – und vergessen Sie nicht auf die Begründung! *(Komm, wir überlegen, warum man nicht zu viel Schokolade essen sollte.)*
Lenken Sie Ihr Kind mit einer gemeinsamen Aktivität ab!

Ihre dreijährige Tochter beißt auf einer Geburtstagsfeier ein anderes Kind.

Wie reagieren Sie?

1. Lösungsweg
Gar nicht. Ich hoffe darauf, dass sich das andere Kind zur Wehr setzt.

2. Lösungsweg
Ich verlasse die Geburtstagsfeier.

3. Lösungsweg
Ich nehme mein Kind bei der Hand und ziehe mich mit ihm zu einem Vier-Augen-Gespräch zurück.

Es ist unsere „mütterliche" Aufgabe, Kinder in derartigen Situationen auf einen guten Weg zurückzuführen. In diesem Sinne ist Lösungsweg 1 nicht zu empfehlen.
Das Verlassen der Feier (Lösungsweg 2) macht zwar spürbar: *So geht es nicht*, ist aber ohne Gespräche wertlos. Das Kind wird nicht zu Einsicht begleitet und wird sich wahrscheinlich das nächste Mal nicht besser verhalten.
Wählen Sie Lösungsweg 3! Erklären Sie Ihrem Kind in Ruhe, weshalb derartiges Verhalten unerwünscht ist, experimentieren Sie, indem Sie Ihr Kind vorsichtig in den Arm beißen!
Kündigen Sie Konsequenzen erneuten Fehlverhaltens an! Verlassen Sie ohne weitere Erklärung das Geschehen, wenn Ihr Kind wieder aggressives Verhalten zeigt.

Beispiele/Lösungen

Während der wöchentlich stattfindenden Turnstunde sitzt ihr vierjähriger Fabian gelangweilt auf dem Boden herum – und möchte nicht mitspielen.

Wie reagieren Sie?

1. Lösungsweg
Ich fordere mein Kind auf, mitzutun. Nötigenfalls drohe ich das Verlassen der Turnstunde an.

2. Lösungsweg
Ich lasse Fabian gewähren.

3. Lösungsweg
Ich gehe zu dem Buben und versuche, ihn zurück in die Runde zu führen.

Hier kommt es darauf an, Fabian auf liebevolle Weise zum Miteinander zu begleiten. Weder Zwang (Lösungsweg 1) noch Freiheit (Lösungsweg 2) führen zum Ziel.
Gehen Sie zu Ihrem Sohn, lassen Sie sich kurz auf das ein, was der Bub gerade macht – und versuchen Sie dann, Fabian mit klaren Worten zur Gruppe zurückzuführen: *Du, wir sind da, um mit den anderen zu spielen. Komm, wir machen mit!* Wählen Sie Lösungsweg 3!

Die sechsjährige Annika ist traurig, weil sie im Schulhof von älteren Kindern daran gehindert wird, die Rutsche zu benutzen.

Wie gehen Sie vor?

1. Lösungsweg
Ich beschwere mich bei der Lehrerin.

2. Lösungsweg
Ich unternehme gar nichts und ermutige mein Kind, selbst möglichst schnell bei den Spielgeräten zu sein.

3. Lösungsweg
Ich spreche mit Annika und versuche, gemeinsam mit ihr Lösungsmöglichkeiten zu erarbeiten.

Sowohl der erste als auch der zweite Lösungsweg wirken nicht an der Wurzel des Problems – dem mangelnden Durchsetzungsvermögen des Mädchens. Hier gilt: Stärken Sie das Selbstbewusstsein des Kindes – entscheiden Sie sich für Lösungsweg 3!
Fragen Sie Ihre Tochter: *Wie könntest du darauf reagieren?*, und lassen Sie sich auf Gedankenexperimente mit Ihrem Kind ein. Mit welcher Problemlösung fühlt es sich am wohlsten? Ermutigen Sie Annika, sich gegebenenfalls bei der Lehrerin Hilfe zu holen.

Beispiele/Lösungen

Eine Gruppe Dreijähriger spielt auf dem Spielplatz und versammelt sich in einem Zelt. Plötzlich hören Sie die Worte Ihrer Tochter:
Luki, für dich ist kein Platz mehr!

Wie verhalten Sie sich?

1. Lösungsweg
Ich greife nicht ein.

2. Lösungsweg
Ich schimpfe mit meiner Tochter.

3. Lösungsweg
Ich hole mein Kind zu mir und erkläre ihm, weshalb mir dieses Verhalten missfällt.

Ihre Tochter muss auf *liebevolle Weise* auf einen guten Weg geführt werden. Es bringt nichts, das Kind vor den anderen bloßzustellen (Lösungsweg 2). Stattdessen ist Ihre Vorbildwirkung gefragt:
Wählen Sie Lösungsweg 3 und suchen Sie das Gespräch mit Ihrer Tochter! *(Überlege einmal, wie du dich fühlen würdest, wenn du nicht mit den anderen Kindern ins Zelt darfst.)* Stärken Sie das Einfühlungsvermögen Ihres Kindes!

Sie besuchen mit Ihrem dreijährigen Sohn Lars die zweieinhalbjährige Miriam. Das Mädchen verteidigt vehement ihr Spielzeug – Lars darf ihre Spielzeuge nicht einmal ansehen.

Wie reagieren Sie?

1. Lösungsweg
Gar nicht – und hoffe auf das Verständnis meines Kindes.

2. Lösungsweg
Ich bitte das Mädchen und dessen Mutter, etwas herzuborgen.

3. Lösungsweg
Ich spiele mit meinem Sohn: *Ich seh, ich seh, was du nicht siehst!*

Ihr Kind erwartet und braucht Ihre Unterstützung.
Gleichzeitig können Miriam und ihre Mutter nicht dazu gezwungen werden, ihre Spielsachen herzuborgen.
Machen Sie Ihrem Sohn spürbar: *Du bist in deinem Glück nicht von anderen abhängig* – und wählen Sie Lösungsweg 3.
Vermitteln Sie, dass die Grenzen der anderen zu respektieren sind, dies aber keineswegs bedeuten muss, dass man selbst traurig ist.
Vielleicht haben Sie Glück und das Mädchen spielt mit!

Beispiele/Lösungen

Der dreijährige Sebastian beklagt sich bei Ihnen:
Mami, der Nick hat schon wieder mit Sand geworfen.

Wie verhalten Sie sich?

1. Lösungswege
Ich schimpfe mit Nick.

2. Lösungsweg
Ich fordere mein Kind auf, zurückzuwerfen.

3. Lösungsweg
Ich frage meinen Sohn, wie er gerne darauf reagieren möchte und ermutige ihn zu selbstbewusstem Verhalten.

Es bringt nichts, die momentane Situation für das Kind zu lösen (Lösungsweg 1), ohne dabei Sebastian zu mutigem Verhalten zu begleiten.
In Lösungsweg 2 wird davon ausgegangen, dass das Zurückwerfen des Sandes für Sebastian die beste Lösung ist – was durchaus sein *kann*, aber nicht *muss*. Vielleicht ist es für den Buben eher passend, seinem „Freund" einmal richtig die Meinung zu sagen, oder sich zurückzuziehen.
Wenn Sebastian Nicks Verhalten stört, muss er lernen, seinem Ärger auf seine Weise Ausdruck zu verleihen!
Nehmen Sie sich zurück, suchen Sie das Gespräch, leisten Sie Hilfe zur Selbsthilfe! Wählen Sie Lösungsweg 3!

Der vierjährige Oliver erzählt seiner Mutter, dass im Kindergarten *große Buben mit Spielzeugpistolen herumschießen.*

Wie gehen Sie vor?

1. Lösungsweg
Ich beschwere mich bei der Kindergartentante.

2. Lösungsweg
Ich unternehme nichts.

3. Lösungsweg
Ich spreche mit meinem Kind und versuche, sein kritisches Urteilsvermögen zu fördern.

Kinder sind immer wieder mit derartigen Situationen konfrontiert.
In diesem Sinne stellt Lösungsweg 1 keine Lösung des Problems dar.
Es ist auch nicht hilfreich „wegzusehen" und die Sache einfach unter den Teppich zu kehren (Lösungsweg 2).

Wesentlich ist, das Kind zu kritischer Haltung zu begleiten.
Wählen Sie Lösungsweg 3!
Sprechen Sie mit Ihrem Kind über „Spielzeugpistolen".
Regen Sie an, nicht unkritisch *den Großen* alles nachzumachen, sondern sich so zu verhalten, wie man selbst es für richtig hält!

Probleme? Lösungen!

Mein Dreijähriger schlägt andere

Sprechen Sie mit Ihrem Kind, stellen Sie die Regel auf: *Wir tun anderen nicht weh.* Erklären Sie, begründen Sie, machen Sie spürbar: *Mamis Regel macht Sinn.* (vgl. Säule 2)

Stellen Sie vor dem nächsten Besuch Ihrem Kind gegenüber klar:
Wenn wir heute bei X. zu Besuch sind, möchte ich nicht, dass du ihm wehtust. Andernfalls fahren wir sofort nach Hause!

Hält sich Ihr Kind daran? Loben Sie es nach einer halben Stunde:
Ich finde es toll, dass heute noch nichts passiert ist.
Ich weiß, dass das für dich nicht leicht ist.
Es wäre toll, wenn du so weitermachst!

Schlägt Ihr Kind erneut?
Verlassen Sie sofort und ohne Erklärung das Geschehen.
Sprechen Sie zu Hause in Ruhe mit Ihrem Kind: *Du weißt, warum wir gegangen sind. Es tut mir sehr leid, ich wäre auch lieber geblieben.*

Versuchen Sie nun, den Tag positiv und ruhig zu Ende gehen zu lassen: Malen Sie, kochen Sie, sehen Sie gemeinsam ein Buch an – und vergessen Sie nicht darauf, Ihr Kind für seine Stärken zu loben!

Meine siebenjährige Tochter kommt immer allein aus dem Schulgebäude

Und? Ist das für Ihr Kind ein Problem oder für Sie?
Möglicherweise machen Sie den Fehler, Ihrer Tochter ein Problem anzudichten!
Der erste Schritt ist: Sprechen Sie mit Ihrem Kind und spüren Sie auf, ob das Alleinsein Ihre Tochter stört oder vielleicht von ihr selbst gewählt wird!
Vielleicht ist das Kind bereits „voll" von Eindrücken und Gedanken und froh, nach dem Unterricht endlich Ruhe haben zu können.
Machen Sie in diesem Fall nicht Ihr Problem zu einem Problem Ihres Kindes – und nehmen Sie sich zurück!
Wenn Sie aber merken, dass Ihr Kind Schwierigkeiten mit dem Alleinsein hat, gilt es, in zahlreichen Gesprächen die Handlungsressourcen Ihrer Tochter zu mobilisieren: *Was könntest du tun, wenn dich ärgert, dass niemand mit dir gehen möchte?* Spielen Sie mit Ihrem Kind Lösungsmöglichkeiten durch!

Wenn ich mich meinem Baby widme, versucht mein größeres Kind, meine Aufmerksamkeit auf sich zu lenken. Mal klagt er/sie über Durst, ein anderes Mal hat er/sie Hunger oder benötigt meine Hilfe

Stellen Sie klar: *Ich kann jetzt nicht. Wenn du einen Moment wartest, helfe ich dir gleich.*
Wenden Sie sich nach sehr kurzer Zeit (zwei bis fünf Minuten) Ihrem größeren Kind zu. Betonen Sie: *Siehst du, wenn du dich kurz geduldest, kann ich ganz bei dir sein.* Widmen Sie sich nun mit voller Aufmerksamkeit Ihrem größeren Kind.
Sollte Ihr Baby unruhig werden, wenden Sie sich ihm in der gleichen Weise zu und stellen Sie klar: *Ich kann jetzt nicht. Jetzt ist dein Bruder/deine Schwester an der Reihe. Ich bin gleich wieder bei dir!*

Wenn wir in ein Geschäft gehen, muss ich meinem Kind immer etwas kaufen

Besorgen Sie eine kleine Überraschung, die Sie zu Hause verstecken.
Treffen Sie vor dem nächsten Einkauf eine Vereinbarung mit Ihrem Kind.
*(Heute werden wir nichts kaufen, was nicht auf meinem Zettel steht.
Du hast die wichtige Aufgabe, mir zu helfen, im Geschäft alle Sachen zu finden.
Oder: Du darfst dir eine kleine Sache aussuchen!)* Halten Sie sich unbedingt an die getroffene Vereinbarung!

Falls Ihr Sohn oder Ihre Tochter zu toben beginnt: Stellen Sie Ihrem Kind in Aussicht, dass zu Hause eine kleine Überraschung wartet, wenn das „Objekt der Begierde" zurück ins Regal gelegt wird. Machen Sie Ihrem Kind erlebbar, dass es imstande ist, diese schwierige Situation auf eine gute Weise zu bewältigen – und machen Sie spürbar, dass Verzicht nicht wehtut!
Geben Sie Ihrem Kind zu Hause die vorbereitete Überraschung und reflektieren Sie: *Weißt du noch, was du im Geschäft unbedingt haben wolltest? Nein? Siehst du, dann war es ja gar nicht so wichtig. Manchmal ist es besser, auf etwas zu verzichten.*

Mein Kind findet es lustig, andere Kinder zu beißen oder zu zwicken

Machen Sie Ihrem Sohn oder Ihrer Tochter die Folgen derartigen Verhaltens bewusst – fordern Sie Ihr Kind auf, Sie behutsam in den Arm zu zwicken oder zu beißen.

Verbalisieren Sie Ihre Gefühle: *Aua, das tut mir weh. Da geh ich weg und möchte nicht mehr mit dir spielen.*

Kneifen auch Sie Ihr Kind vorsichtig in den Arm und fordern Sie Ihren Sohn oder Ihre Tochter auf, zu verbalisieren, wie sich das anfühlt.

Stellen Sie vor dem nächsten Treffen mit anderen Kindern klar: *Ich möchte nicht, dass du zwickst oder beißt. Sollte es wieder vorkommen, gehen wir nach Hause!*

Verlassen Sie ohne weitere Erklärung das Geschehen, wenn Ihr Kind anderen wehtut.

Loben Sie Ihren Sohn/Ihre Tochter für jedes liebevolle, rücksichtsvolle Verhalten.

Meine sechsjährige Tochter möchte nicht in die Schule gehen

Suchen Sie immer wieder das Gespräch mit Ihrem Kind!
Wovor genau hat es Angst?
Lassen Sie sich Situationen möglichst genau schildern, leiten Sie Ihre Tochter an, sich in Gedanken die schwierigen Situationen genau anzusehen, und sich den Problemen zu stellen!
Überlegen Sie Lösungsmöglichkeiten für schwierige Situationen.
(Wie könntest du reagieren, wenn dir die Frau Lehrerin sagt,
du sollst schöner schreiben, obwohl du dich sehr bemühst? Was könntest du
darauf sagen, wenn dich dein Sitznachbar beim Schreiben stört?)
Machen Sie Ihrem Kind spürbar: Du hast Möglichkeiten, auf Situationen und Ungerechtigkeiten zu reagieren.
Lassen Sie Ihr Kind im Gespräch immer wieder darüber reflektieren,
wie es sich bei dieser oder jener Reaktionsweise fühlt.

Vermitteln Sie: *Das Leben bringt Schwierigkeiten mit sich. Es ist wichtig,*
dass wir üben und lernen, damit umzugehen. Manchmal aber sind die
Probleme zu groß für uns und wir haben keine Chance, zurechtzukommen.
Dann müssen wir einen anderen Weg gehen – und in diesem Fall eventuell
eine andere Schule besuchen.
Es ist wichtig, dass wir immer wieder miteinander sprechen, und sehen,
was der richtige Weg für dich ist.

Probleme/Lösungen

Mein Kind entreißt anderen ihr Spielzeug

Experimentieren Sie, üben Sie mit Ihrem Kind richtiges Spielverhalten! Entwenden Sie beispielsweise Ihrem Sohn oder Ihrer Tochter das Spielzeug und fragen Sie, wie er/sie sich dabei fühlt.
Seien Sie Vorbild, fragen Sie: *Darf ich mir deinen Teddy ausborgen?*

Schmieden Sie vor dem nächsten Zusammentreffen mit anderen Kindern einen Plan: *Heute versuchen wir, gemeinsam zu fragen, wenn du dir ein Spielzeug ausborgen möchtest. Ich helfe dir dabei.*
Beobachten Sie Ihr Kind genau und gehen Sie zu ihm, sobald Sie merken, dass es gerne ein bestimmtes Spielzeug hätte, mit dem gerade ein anderes Kind spielt.
Fragen Sie Seite an Seite mit Ihrem Kind: *Dürfen wir uns das ausborgen?*
Loben Sie Ihren Sohn oder Ihre Tochter dafür, dass er/sie den Gegenstand nicht entrissen hat.

Mein Kind will immer der/die Erste sein

Machen Sie erlebbar: Es kann auch lustig sein, zu warten, und anderen zuzusehen.
Stellen Sie sich hinter oder neben Ihr Kind, wenn andere an der Reihe sind und machen Sie es auf die Stärken anderer Mädchen und Buben aufmerksam: *Schau, wie toll Luna den Ball wirft!*
Oder: *Hör zu, wie schön Maria auf dem Xylophon spielt!*

Mein Kind umarmt in der Kindergruppe andere zu stürmisch

Nehmen Sie sich Zeit für kleine „Experimente"mit Ihrem Kind:
Wie fühlt es sich an, zu fest umarmt zu werden?
Was ist angenehm, was ist unangenehm?
Schmieden Sie gemeinsam Pläne!
Weißt du was? Wenn wir nächstes Mal in der Kindergruppe sind, versuchen wir, andere ganz vorsichtig zu umarmen.

Begleiten Sie Ihr Kind durch die nächste Kindergruppe, indem Sie unmittelbar davor an die Abmachung erinnern. Loben Sie Ihren Sohn/Ihre Tochter sofort, sobald er/sie sich anderen vorsichtig nähert.

Mein Kind macht in der Musikschule nicht mit

Versuchen Sie, Freiheit zu schenken, und parallel dazu den Wert des Miteinanders spürbar zu machen!
Bereiten Sie Ihr Kind vor dem nächsten Zusammentreffen vor:
Wenn wir heute in die Musikschule gehen, möchte ich, dass du wenigstens bei manchen Liedern und Spielen mitmachst!
Loben Sie Ihr Kind, sobald es sich einbringt!

Besprechen Sie nach, was Ihrem Sohn oder Ihrer Tochter besonders gut gefallen hat!

Probleme/Lösungen

Mein Kind schlägt mit seinem Spielzeug anderen Kindern auf den Kopf

Sprechen Sie mit Ihrem Kind, experimentieren Sie.
(Wie fühlt es sich an, wenn man mit dem Spielzeug auf deinen Kopf schlägt?)
Bereiten Sie Ihr Kind auf das nächste Zusammentreffen mit anderen vor:
Ich möchte nicht, dass du anderen wehtust. Solltest du dich nicht daran halten, fahren wir sofort nach Hause!

Hält sich ihr Kind daran? Loben Sie es nach einer halben Stunde:
Ich finde es toll, dass du heute so tüchtig bist.
Ich weiß, dass das für dich nicht gerade leicht ist.
Es wäre toll, wenn du so weitermachst!

Schlägt Ihr Kind erneut? Verlassen Sie sofort und ohne Erklärung das Geschehen.
Sprechen Sie zu Hause in Ruhe mit Ihrem Sohn/Ihrer Tochter:
Du weißt, warum wir gegangen sind.
Es tut mir sehr leid, ich wäre auch lieber geblieben.

Mein Sohn rauft

Hier kommt es darauf an, Gespräche mit entschlossenem Handeln zu kombinieren. Setzen Sie auf liebevolle Disziplinierung!
Treten sie in der Situation dazwischen, sollten Sie die Möglichkeit dazu haben; nehmen Sie beide Kinder an der Hand und sprechen Sie mit ruhiger Stimme:
Ich kann nicht beurteilen, was passiert ist, ich habe es nicht gesehen.
Ich möchte, dass mir jeder von euch erzählt, was geschehen ist. Wer beginnt?
Suchen Sie abends das Gespräch und loben Sie zunächst Ihr Kind für eine erbrachte Leistung! Thematisieren Sie dann körperliche Gewalt.
(Komm, wir überlegen gemeinsam, warum man nicht mit anderen raufen soll. Weißt du, früher bin ich auch oft wütend geworden und auf andere losgegangen. Irgendwann habe ich dann erkannt, dass das kein starkes Verhalten ist. Mutig ist zum Beispiel, den Ärger auszuhalten, oder sich abzuwenden.
Komm, wir überlegen gemeinsam, wie du mit deiner Wut umgehen könntest.)

Mein Kind stößt in der Kindergruppe andere

Experimentieren und sprechen Sie mit Ihrem Sohn/Ihrer Tochter:
Wie fühlt es sich an, wenn man gestoßen wird?
Lassen Sie sich behutsam von Ihrem Kind stoßen und verbalisieren Sie Ihre Gefühle:
Das tut mir weh. Jetzt glaube ich, dass du mich nicht mehr lieb hast.
Stoßen auch Sie vorsichtig Ihren Sohn oder Ihre Tochter und lassen Sie darüber nachdenken, wie es sich anfühlt, derart lieblos behandelt zu werden.

Warten Sie auf eine Situation, die bei Ihrem Kind liebloses Verhalten auslöst. Loben Sie, sobald sich Ihr Sohn/Ihre Tochter für einen Moment zurückhält.

Probleme/Lösungen

**Meinem Kind wird immer das Spielzeug entrissen –
es setzt sich nicht zur Wehr**

Sprechen Sie mit Ihrem Sohn/Ihrer Tochter und versuchen Sie zu ergründen, wie es ihm/ihr in der geschilderten Situation geht.
(Ärgert dich das? Tut dir das weh?)
Erweitern Sie gemeinsam den Handlungsspielraum Ihres Kindes!
(Komm, wir überlegen gemeinsam, was du tun könntest, wenn dir jemand etwas wegnimmt!)
Lassen sie Ihr Kind erspüren, wie es sich bei dieser oder jener Problemlösung fühlen würde.

Mein Kind hält sich bei Gesellschaftsspielen nicht an Spielregeln

Spielen Sie zu dritt oder zu viert.
Weisen Sie Ihr Kind sachlich zurecht, falls es erneut regelwidriges Verhalten zeigt: *Du, ein gemeinsames Spiel funktioniert nur dann, wenn wir alle die Regeln beachten.*
Wählen Sie ähnliche Worte, sobald sich ein anderer Mitspieler nicht an die Regeln hält!
Machen Sie Ihrem Kind spürbar: *Wenn Mami mein Verhalten kritisiert, hat das nichts damit zu tun, dass sie mich nicht mehr lieb hat.
Sie kritisiert auch andere in derselben Weise. Jeder muss die Regeln beachten.*

Mein Sohn nimmt meiner Tochter immer ihr Spielzeug weg

Warten Sie auf das nächste Mal. Halten Sie ein Spielzeug Ihres Sohnes bereit und drücken Sie es Ihrer Tochter in die Hand.
Suchen Sie danach das Gespräch mit Ihrem Sohn: *Siehst du, es ist nicht angenehm, wenn einem die eigenen Sachen weggenommen werden.*
Schlagen Sie vor: *Weißt du was? Nächstes Mal, wenn du etwas wegnehmen möchtest, sagst du es mir und wir versuchen gemeinsam, eine Lösung zu finden.*

Immer, wenn wir Spaß haben, geht der Humor mit meinem Kind durch. Mein Sohn/meine Tochter steigert sich richtig hinein und ist nicht mehr zur Ruhe zu bringen.

Begründen Sie mit klaren Worten, weshalb es notwendig ist, wieder zur Ruhe zu kommen. *(Ich bin gerne lustig mit dir, aber es ist wichtig, dass wir die Grenzen finden. Wenn du so übertreibst, kann es sein, dass du dir wehtust.)*
Beenden Sie das Spiel oder verändern Sie die Situation, indem Sie das Zimmer verlassen.

Probleme/Lösungen

Mein Kind borgt nichts her

Nehmen Sie die Sache in die Hand, betonen Sie: *Schatz, schau, wir borgen X. kurz das Spielzeug. Du wirst sehen, er gibt es uns gleich wieder zurück!*
Schauen Sie gemeinsam mit Ihrem Kind dem spielenden Kind zu, machen Sie spürbar: Auch Zusehen kann Freude machen!
Sorgen Sie nun unbedingt dafür, dass das Spielzeug nach sehr kurzer Zeit wieder zurückgegeben wird!
Lassen Sie es nun wieder für einige Zeit Ihrem Kind, ehe Sie anregen, es erneut herzuborgen. Machen Sie Ihrem Kind spürbar:
Du verlierst nichts, wenn du gibst! Spielen Sie zu dritt!

Meine Kinder zehren an meinen Nerven. Ich kann nicht mehr.

Nehmen Sie sich Zeit für ein ruhiges Miteinander – nehmen Sie nur wirklich notwendige Termine wahr! Planen Sie wenn möglich einen Mami-Kind-Tag ein und lesen Sie, kochen Sie, malen Sie gemeinsam!
Beobachten Sie Ihren Sohn oder Ihre Tochter – schaffen Sie Raum für die Freude an und mit Ihrem Kind!

Mag. Dr. Andrea Vanek-Gullner, geboren 1973, verheiratet;
Lehrerin und Hundefreundin aus Leidenschaft, und nun auch Mutter.

Ihr Labrador-Retriever Luki brachte Andrea Vanek-Gullner in Berührung mit der heilenden Wirkung von Hunden. Sie entwickelte die „Tiergestützte Heilpädagogik-TGHP®", eine wissenschaftlich evaluierte Methode zur Arbeit mit verhaltensauffälligen Kindern und Hunden; heute wird am Sonderpädagogischen Zentrum Zinckgasse in Wien nach dieser Methode gearbeitet.

Andrea Vanek-Gullners Tätigkeitsbereich umfasst neben der Arbeit mit Kindern auch die Unterstützung von LehrerInnen sowie die Lehre ihrer Methode im In- und Ausland.

Andrea Vanek-Gullner wählt nie den einfacheren Weg und sieht Krisen als Herausforderung. So erlebt sie auch ihre – noch recht neue – Rolle als zweifache Mutter besonders intensiv: staunend, lernend, stets bereit, Erfahrungen auszutauschen und – wie in dem vorliegenden Werk – weiterzugeben.

Max, bald vier, und Anika, eineinhalb, umarmen die junge Retrieverhündin Bini und sind sich einig: „MEINE MAMI IST DIE BESTE".

BÜCHER VON ANDREA VANEK-GULLNER

Durch Kontakt mit Tieren, vor allem mit Hunden, verändert sich das Verhalten „verhaltensauffälliger" SchülerInnen. Durch die Begegnung mit einem Hund in der Klasse gelingt es ihnen besser, auf andere Menschen zuzugehen, mit ihnen umzugehen...

Lehrer auf vier Pfoten
Kt., 96 Seiten, 16,5 x 23,5 cm
ISBN 978-3-7074-0620-7
Euro 12,95

Dieses Buch ermutigt vor allem KlassenlehrerInnen, eigene Ressourcen für die Arbeit mit schwierigen Klassen zu mobilisieren. Es vermittelt praxisbezogen 13 goldene Regeln zur Führung schwieriger Klassen und macht LehrerInnen zu ExpertInnen für Erziehungsfragen.

Kinder in Liebe disziplinieren
Kt., 88 Seiten, 16,5 x 23,5 cm
ISBN 978-3-7074-0615-3
Euro 12,95